創造力 Creativity

啟發頭皮下的東西　　邱慶雲————著

目錄

前言（代自序）   007

1 創意的時代角色

1 人類求生存之道   012
2 台灣的生存之道   013

2 創意的意義

1 創意的本質   018
2 記憶的組合   019
3 突破前例、挑戰常識   022

3 創意的動機

1 內在的需求──愉快　　　　　　　026

2 外在的需求──變化　　　　　　　030

4 天才型創意

1 天才和狂熱、高智商　　　　　　036

2 天才型的創造過程　　　　　　　038

5 一般的創意

1 創造的過程　　　　　　　　　　042

2 創造過程的實例　　　　　　　　051

6 啟發頭皮下的東西──創造力

1 先期作業 062

　(1) 實施自我訓練 062

　(2) 從益智故事學習 064

　(3) 淨空思考的容器 069

　(4) 瞭解思考的障礙 071

2 解開腦袋的僵化 074

　(1) 追求第二個正解 074

　(2) 不必事事有邏輯 080

　(3) 失誤中求安打 087

3 跳出環境的約束 095

　(1) 突破規則 095

　(2) 挑戰非專業 102

　(3) 跳出現實性思考 108

4 利用逆向思維 115

　(1) 曖昧性思維 115

　(2) 遊戲中學習 125

　(3) 利用戲謔者 133

7 創意人的素質

1 想像力　　　　　　　　　　　140

2 觀察力　　　　　　　　　　　142

3 毅力　　　　　　　　　　　　144

4 遊閒心　　　　　　　　　　　146

5 人人都是創意人　　　　　　　147

8 創意人應有的心理準備

1 創意是苦差事　　　　　　　　152

2 應建立信心　　　　　　　　　153

3 勝負在彈指之間　　　　　　　155

4 應儘早完成　　　　　　　　　157

5 不要氣餒　　　　　　　　　　158

6 克服工作上的矛盾　　　　　　160

附錄1　益智故事的結局　　　　164

附錄2　啟發創造力Q&A的答案　167

前言（代自序）

　　創意對人類而言，是永遠談不完的課題。因為創意與人類生活的發展有分不開的密切關係。人類在其特有的素質──「創造力」下成長，但是因為創造力是在頭皮下的腦袋運作，所以一直是神祕的角色，雖然從古希臘時代就一直被討論，但是至今其「面紗」仍未被完全揭開。

　　全球頂尖的神經語言程式訓練師大衛、謝珀德說；「我們在頭皮下有一部最強大的電腦，沒有任何造物能與之媲美。可惜大腦沒有附帶使用說明書，所以大家覺得腦袋駕馭我們，而非我們駕馭腦袋。」

　　因此人類一直無法取得駕馭心智的技巧來拿回主控我們人生的主導權。這個技巧可以透過「訓練」來達成，因為腦袋擁有「自覺意識」和「潛在意識」。我們透過自覺意識來思考、理解、分析，並將事物合理化。潛在意識讓我們感受萬物，並且是直覺和本能的來源。

　　我們分析很多著名創意人的敘述，他們都認為創意的產生是由自覺意識和潛在意識互相作用下產生的。所以，我們應該訓練，並透過自覺意識把願望或期待解決的問題等植在潛在

意識中，使它們形成複合性意識，經過這些意識的互相作用和提煉，影響我們的思考和行動運作，以期產生新的東西。換言之，我們可以透過「訓練」，培養駕馭心智的技巧，獲取我們的主導權。

創造力是運用腦袋，為人類生活求發展的一種技巧。近年各領域的專家，對提昇創造力的研究有長足的進步，提出的方法也很多，大家從不同角度推進核心。但是有待解決的地方卻越多、越複雜。

筆者非此門為專業，不過在興趣主導下，在2006年把初淺的心得，以《贏在創意》乙書付梓，但自覺只是初步的心得，不敢就此滿足，在閒餘時不斷注意外界在此方面著作的發展，即使是與創造力無直接關連，只要略為提到一些線索都予以涉獵、研讀。包括：成功的哲學、智能教育、理工系研究人員的獨創性發想法、決策者的腦力激盪、曖昧工學，以及表面上與創造力的關係離遠一點的，漫畫、結構學、位相（圖形和空間）數學、音響、醫學等領域的著作。

從研讀這些論述中，領悟了一些較以前有進一步的概念和方法。經融合整理出如何提昇創造力的心得，斗膽以外行充內行，予以付梓，分享給對這方面有興趣的同好。

本書除介紹創意相關的一般常識外，重點放在「如何啟發頭皮下的東西（創造力）」。啟發創造力的方法很多，本書採

用「反面教育」方式，從敘述阻礙啟動創造力的因素切入，然後介紹如何解開阻力中，討論啟動創造力的方法。例如；追求另一個正解、失誤中求安打、突破規則、遊戲中學習等等。

　　創造力是比較嚴肅的課題，但是本書對這種嚴肅的課題，希望大家能以輕鬆的心情應付，所以儘量在敘述中插入趣味性故事或問答題，來提高學習的效果。

　　最後，本書的出版承蒙秀威資訊科技公司編輯林千惠女士的寶貴建言及協助下順利付梓，藉此表達由衷的謝意。

邱慶雲　2013、中秋
於新店大學詩鄉

創意的時代角色

新的創意，不會在順應環境中產生。

——Roger von Oech

1 人類求生存之道

翻開人類的漫長歷史,在平靜之後總會有巨波狂瀾的出現。這些重大事件中;有幾次大戰的浩劫帶來的變化,更有經過翻天覆地的革命或變革帶來的流血或動亂。

但是除了戰爭、政治等痛苦帶來的變革外,人類文明的發展史中很多大發明、大發現才是對人類的生活帶來正面的貢獻。例如:

偉大探險家哥倫布,歷經艱苦的遠航發現美洲大陸(1492－1504年),擴大人類的視野。

牛痘(1796年)和青黴素(1929年)的發明,使人類的生存能力大大的提高。

牛頓發現萬有引力(1687年)瓦特發明蒸汽機(1769－82年)等,擴大人類的思考範圍和產業近代化的基礎。

另從人類文明的發展史看,在人類懂得使用工具和獸力,並懂得耕種後,進入農業社會,而第一波的農業文明也開始轉動。其中關鍵性的創意是滿足人類的基本需求,例如火的掌握、輪子的發明、語言和文字的創造等。隨後人類在勇於不斷思考創新的人的努力下,以發明、發現、創造逐步瞭解生活的環境,然後利用環境、克服環境。這些知識的累積和發展將人類帶入第二波工業文明。二十世紀末資訊科技的突飛猛

進，把人類帶進以知識創造財富的第三波資訊文明時代，而進入創意的競爭時代，也管理的時代。

創意的競爭時代可以說是「能力主義」的時代。過去大眾反抗由少數人靠家庭背景或財富的「貴族主義」，建立了大眾主宰的「民主時代」。但是世界潮流又再度回到由少數人握有權力的「能力主義」時代。

在這個時代，我們不得不承認，「對腦力的投資比對物資的投資更有效率」。正如《美國的挑戰》乙書所強調，「比美金更可怕的是美國的經營管理力」，實際上這種經營管理力的背後隱藏的是大眾的創造力。

2　台灣的生存之道

現在把眼光轉回看看我們自己。台灣是一個小島，我們的資源是有限的，要滿足二千三百萬人的糧食不可能單靠國內的自給，必須仰賴進口，所以就糧食一項而言，已面臨危機。

屆時，我們能輸出什麼來平衡這個逆差？這是一種嚴肅的問題。目前反對農產品自由進口的聲浪很大，將來可能面臨請求外國准許農產品賣給我們的時代。亦即，終極是「供給和需求（give and take）」的時代。只有提供某些東西交換對方供給糧食是唯一的辦法。

　　我們的經濟結構很脆弱，任何失敗都會構成重大的打擊。用盡辦法才覺悟到遭遇束手無策的狀態可能為時已晚。實際上我們已面臨上述的危險狀態，但是少有人警覺。

　　面臨即將來臨的糧食危機如何應付？最可行的辦法可能要靠更高的獨創性技術的開發，對不賣糧食的國家可提出獨創性技術作為交換條件。所以，科技在這種意義上，對我們是刻不容緩的重要課題，也是我們的求生存之道。

　　上面只以台灣的糧食危機為例，敘述創意的重要性。實際上我們未來求生存之危機不限於糧食問題，日常生活的任何需求（take）包括石油能源等大部份都要靠海外的供給（give）來取得平衡。我們唯一可生產的資源（供給）就是腦力人才。近年政府以「文創產業」為主，有意尋求未來我國生存之道。各界也各顯身手提出各種「處方箋」，報上也紛紛刊登名人論述。

　　例如，亞太文化創產業協會理事長陳立恆提出下面的論述：舉例十八世紀英國陶匠約書亞（Josiah Wedgwood）以宏大的抱負和視野，在政府靈活便民的政策支持下，成功主導當時歐洲陶瓷的產業革命。台灣文創界雖然不缺如約書亞型的人才，但是要看我們的政府有沒有培養此種人才的胸襟和魄力。

　　同一天報紙也刊登亞都麗飯店董事長嚴長壽在監察院演講時提出的警訊：台灣在人才和經濟上都在「吃存糧」（過去培植的）。台灣的天然資源貧瘠，生存發展靠的就是人才培育。但是嚴董事長擔心台灣的這種「珍稀資源」日益減少，能

取代天然資源的「腦礦」已日漸枯竭。他呼籲政府要找「第四桶金」代替過去的農業、製造業、科技業的三桶金。這「第四桶金」應該是非創造力旺盛的「創意科技人才」莫屬。

創意的意義

創意源自意念的矛盾

——Donatella Versace

1　創意的本質

　　近年媒體或政府機關對「創意」相關的事項，用詞一直在變化，例如，創新、文創等等。我們姑且以「創意」一詞作為涵蓋這些字彙的通稱。

　　創意的本質是獨自性、嶄新性和恰當性。創意的行為又是什麼呢？依據某辭典的定義，創意的動詞「創造」是指，使某種事物「存在」的行為。依此定義幾乎所有的文章各有其獨特（固有）性，所以所有的語句的使用是創造性的，如此解釋有一點勉強。沒有意義的文章，雖然是獨創的，也不能視為創造性的。因此創意不能單純的指「帶來以前不存在的某種事物」，應具有更進一步的各種意義。

　　如將過去關於創意的研究予以歸納時，結果得到如下：創意是給某種新的組合或賦予關係，而且對特定的問題或目的有用而恰當。換言之，「嶄新性」和「恰當性」成為創意的兩個重要因素。

　　愛因斯坦的相對理論，以「嶄新」且「有用」的見解，重新檢視物理學的實體並予以重新構築。牛頓的古典性疑問，蘋果為什麼會掉落，是能引起重新概念化的創造性質問的案例。牛頓的故事之所以有趣，就是牛頓以前數百萬的人知道蘋果會從樹上掉落，但是數百萬人見過蘋果掉落却從未發生疑問，而牛頓對其發出「為什麼？」的疑問，所以牛頓被稱為天

才。因此，創意是包括對大家認為當然的事物提出疑問這一點，亦即對事物以懷疑的態度，從不同觀點掌握它。

創意，我們用通俗一點的話講，分為二種：

一為發現（尋寶），是首次找到在大自然已存在，未被人類認知的事物。換言之，「首次看見先人未見過的事物」。

另一為發明（造寶），是利用大自然的事物，改成人類生活上需要的事物。換言之，「用人類的智能，把某種東西，改變為從前沒有的事物，或新獲知未經先人道出的義理。」

2 記憶的組合

日本NHK電視台曾邀請製造電器公司電腦部門的專家、大腦生理學教授及漫畫家三人對談：創意從那裡產生，創造有什麼結構。

他們在對談中表示，無法確實指示創意從那裡產生，不過大家一致認為，創意大概以記憶為依據。完全從零的地方不可能產生東西，有了某種記憶才會出現東西。所以首先應有記憶。有了眾多的記憶，不管它是自覺意識的記憶，或者是完全被收藏起來的潛在意識的記憶，這些記憶會逐漸累積起來。

當一個人想起要做某種東西時，則喚起這些記憶。喚起後撿出幾種想要的，若認為不適用就放棄，再喚起其他記憶，若覺得有趣時則留下。如此反覆嘗試中又留下一個，然後可能把留下者結合看看。

如此，尋找各式各樣的記憶，把留下的予以合併或組合，可能突然出現某種新的事物，也許這種步驟就是創意產生的過程。

法國數學家兼物理學家彭加勒在其《科學和方法》一書中試述數學上的創造過程。據他敘述，創造的產生過程是由自覺意識和潛在意識交互作用形成的。

他舉了一個例子，當長期進行一種想像中的問題，一直無法獲得成果時，可暫時把它放在一邊。如此在散步的途中或搭公車時，會突然想出解答，當得到靈感後，再花二、三小時由自覺意識做探討，就可以把工作完成。

很多領域的專家都有類似的經驗。某作家曾說，無法完成一種想像中的小說時，以「不要放在心中，暫時拋開，等待其成熟。」方式處理，如此在夢幻中可能得到不錯的想法。

想解決一個想像中的問題時，自覺意識會努力把解答問題所必要的一連串相關事實植在潛在意識中。潛在意識從所累積的知識中，尤其是個人經驗的累積中，選出認為有用的各相關概念。這些概念交給自覺意識的判定，如覺得有用時則在那裡停留下來，否則再回到黑暗（潛在意識）當中。

潛在意識運作的主要特徵為，它的聯想尚未形成一種秩序。所以可能據此產生預期不到的創意組合。

為苦思工作而失眠的夜晚，常有一種經驗，則目睹潛在意識發生作用的過程。

彭加勒把該情況比喻為一團的分子運動，由作為基本意識之間的各種相互作用形成新的複合性意識。這種過程，猶如

有衝突、散亂、結合中形成一體的分子運動。

　　另外，發明中以轉動、起動做為動力源的機會很多，但是很多創意人有了新奇的構想，由於一時找不到合適的起動方法而浪費時間與精力的情形。

　　一般的人雖然對結構學（機構學）不具備高深的理論或計算學識，仍有方法輕易的創造有結構性的發明。其方法之一是，很多學者或技術人員，在各種各樣的機械或工具中留下起動、轉動的結構。

　　一般的創意人可以從既有的結構中，選出適當的結構予以重組和配合，創造出嶄新效果的東西。其前提是對既有的結構平時要多注意予以記憶或記錄，以備需時應用。如此，對結構方面的知識記憶越多，發明的可變性越廣。雖然某部份是模仿性，但是仍可創造出新東西。

　　記憶在創意扮演重要的角色，一方面從眾多的記憶中閃出新的可能事物的訊息，一方面幫助創意人避免走「前例」的冤枉路，更重要者是對創意人在推敲資料時提供很多資訊。

　　有人說創意是上帝給予的靈感，這種想法把創意太神祕化，無助於瞭解創意如何產生。讓我們再複習一次創意的產生結構。通常創意在腦裡有某一剎那的閃動而出現，這時從腦裡閃出的事物，應與記憶有某種關連，不可能無中生有。又，創意是要做出沒有「前例」的東西或事項，所以必須知道前例有什麼，這就是知識，知識就是一個人腦裡儲存的記憶（潛在意識）。

3 突破前例、挑戰常識

　　很多人認為只有既成知識才是知識，這是天大的錯誤。普立茲曼所著的《現代物理學的理論》明顯的指出，自然的法則，只在自然現象中存在。有人誤認為自然法則在書本中，這種想法在進行求學時往往引起誤解。

　　法則是人類觀察自然現象時，從其中抓住有規則性者予以敘述而已。但是在那裡往往摻入個人的主觀和想法，因此錯誤的機率很高。

　　長久以來被認為真理的牛頓力學，最近被學者認為「不通」，並認為應改為量子力學。但是量子力學和說明高能源現象的相對理論互相有矛盾，所以需要另一種理論來結合它們。當然目前還沒有產生結合二者的新理論。由此可以得知好像沒有恆久性的所謂絕對性真理。

　　學問是人類以「瞎子摸象」方式，在這也不是，那也不是的困惑中編成的。如果只靠書本上所寫的既成知識時，不得不注意可能發生想像不到的錯誤。

　　想要創造新東西，做出新系統，面臨的就是「沒有前例」的障礙。但是仔細想一想，什麼是「前例」？前例就是我們的前輩挑戰某種事物創造出來的東西，現在就成為「前例」或「典範」而已。

　　那麼，有人說：「紀錄是因為被打破而存在」，同樣的「前例是因為被突破而存在」，所以我們應勇敢地去突破前例、創造前例。

　　人類對生活中的習慣要改變總有一點抗拒。例如台北某些交通繁忙的十字路口，改為暫停全方向的車輛，讓行人從四面八方同時自由穿越馬路的「交叉點方式人行道」時，行人有時仍會猶疑一下，才走對角線的捷徑。

　　回頭看我們的社會，是被各種習慣和規則牢牢套住的，對於想以創新和改變來突破前例的人，仍有很多困難的路途在前面。

　　至此我們可以給創意另一種定義：創意就是要「突破前例」；創意是「挑戰常識」的工作。

3 創意的動機

預感是創造力對你的指引

——Frank Capra

　　創意的動機是很複雜的問題，從古代就有很多專家在探討，但是仍在霧中觀景的狀態。我們只好大膽地試從二個角度去分析它；

(a)　內在的需求──愉快。有人把創意比喻「精神生活的性」，認為創意如性欲的高潮有生命週期。其循環是生、育、熟、死，所以需要有產生創意的方法。創造性的思考是其手段，而有如生物學的性欲一般的愉悅。從創意人來看，這是發自他們內在的需求，是為了自我滿足的主動性因素。因此這種動機是純粹性的。

(b)　外在的需求──變化。今天的問題不可能再用昨天的解決方法處理。一般人常遇到兩年前能順利進行的事，今天不能照舊進行，而被迫採取新的選擇。當你感覺今非昔比時，不得不驅動創意去思考新的解答，新的解決方案，新的創意。從創意人來看，這是由於外在因素引起的動機，是被動性的因素。

1　內在的需求──愉快

(1) 純粹性動機

　　讓我們先談創意人由於內在性需求引起的動機。

　　首先我們想到的疑問為，這些人為什麼對創意性活動如

此熱心而執著。此問題似可以從對創意「賦與動機」的角度來探討。

我們通常想做什麼的動力，首先可舉出者是利得。例如在自由主義經濟中，每個人自然而然地指向利己的工作，結果，在自由放任和競爭的原理下，能確保最大生產力。心理學原來的賦與動機的理論，也完全站在這樣的想法上。但是此種功利主義或快樂主義賦與動機的理論，很難說明創意過程的神秘性及創意人累年積月的努力從事看似無益的工作。

那麼有什麼力量使他們忍耐這種痛苦呢？例如法國小說家都德編寫戲曲名作《阿露露之女》，也是在某種感動性事件為契機得到靈感。在此以前經過數月、數年無法工作的時期，但是一旦開始寫作，則廢寢忘食的工作。此時，創意人好像拋開報酬或利得，只為了解決他們的問題下，一心一意享受純粹的喜悅。仔細想一想，我們凡人的日常生活也不難找到這種原動力在作用的案例。例如練習鋼琴，每天練習卻沒有相對的代價，只有痛苦。為了縮短0.1秒的記錄在苦練的運動員亦然。那麼這種為了解決問題獲得的喜悅、或為了向上的努力的「純粹性」動機從何處來呢？這種疑問不單單是對創造性而已，如果誇大一點，對人類的向上心而言，是一種重大而待探究的課題。

實際上，人類活動的任何領域都有類似的動機存在。我們似可以把這些動機歸納出如下各點。

(a) 想證實自己能力的欲望。也就是想對別人顯示自己有能力把某種工作徹底完成的能力的欲望。

(b) 自我表現的欲望。也就是對自我的個性，追求更能滿
足的表現的行為。

(c) 最重要的原動力應該是對自然的好奇心。也就是想知
道自然是如何形成的願望。

這些動機是完美而純粹的，但是實際上也是罕見的，並
且不是必須的條件。通通常上述三種動機以不同的比例存在
著。例如，有時自我表現的欲望很強，光以科學上的工作無法
滿足（所有的）自我展現。例如，愛因斯坦就是以小提琴的好
手來表現自己的另一面天分。

(2) 感受性動機

關於內在的需求除上述自我表現的慾望外也能提出另一
個疑問，創造性活動中除了智能性要素以外是否沒有什麼不可
思議的能力？關於此點創意人常說，解決是如天的啟示般出
現，並且可以當場確信其正確性。既然尚未經過邏輯上的證
明，什麼因素使他確信其正確性。

很意外的，根據很多創意人的自述，那是一種美妙的感
受性，是從潛在意識中閃出的感受性。

感受性的重要性，並不是只在靈感的階段才出現。在創
意過程中的任何階段，只要對一般人認為不可能有潛在問題的
地方，感覺到不滿而想設法予以解決時就開始出現。愛因斯坦
指出；「找出問題比解開它更重要。」是值得玩味的話。狂熱
和天才的奇異性的關聯，可能與上述能力有關。狂熱帶來的不

適應或異常的氣質，培養出一種敏銳的感受性，對以平凡的常
識來解決問題，產生不滿和疑惑。

讓我們回到創意人對自然的好奇心問題。好奇心與感到
奇異的能力有密切的關係。沒有好奇心者不可能成為真正的創
意人，有人對著名的創意人（科學家、藝術家、音樂家、小說
家、哲學家）調查其創造性的努力、想法或記憶等。從該調查
得到若干有趣的結果。

其一為，創造性思考的過程中，意識和無意識所扮演的
角色。對某特定問題有興趣的創意人大多數係由於某種潛在意
識的效用，會突然閃出解決的答案。例如，數學家彭加勒自述
如下：「某一晚上，我反常喝了濃咖啡而失眠，此時，創意好
像從雲端浮出。我感覺到複數的創意互相衝擊，然後這些很安
定的組合起來，在天亮前我證明一連的超幾何學所產生的福克
斯的關數之存在。我對完成結論不過花了二三小時而已。」

莫札特也報告一樣的潛在意識經驗。

這種閃出是否只有天才才能產生呢？我們會發現並非如
此。因為這種閃出的火花在散開前，只要對問題已有深入的思
考，嗣後思考力以潛在意識般，對該難題強力的發生作用，以
某種結構適當地把解決法帶到自覺意識的部份。

我們也有經驗（知道）當一個人有煩惱時，創意或潛在
性解決法會無意識中突然以一種感受般出現。

第二，著名的創意人只以上述方式報告所發現的卓越解
決法，但是對過程中消失的無數的創意並未提出報告。轟動

社會而富於「洞察力」的問題解決，是在問題解決後才被發現。亦即，他們都經過盲目的搜索中到達適當的解決法。這種轟動社會的問題解決的報告，是屬於後人的加油添醋的記憶或記錄，實際上可能是創意人內在的感受中閃出的很平凡的東西。

在藝術方面，對見聞能直接而自發性的反應是很重要的。但是在科學方面對認為奇異的事像，除見聞時的直感性感受的描述外，應加上以自己的思考之光予以照射。亦即，應以驅動累積的知識或經驗，經過思考的結果來表達。

2 外在的需求──變化

(1) 創意人的在意

在此，讓我們回到創意人由於外在因素引起的動機。

如前述，創意首先要有豐富的記憶。但是記憶究竟是累積的知識，如果未予以運用則不可能發揮作用。知識猶如礦山，要經過開採、提鍊才能成為有用的產品。很多礦山在沒有需求前是一坐荒山而已。所以「需求」才是礦山動起來的因素。

報紙上一大片的廣告版看過沒有？什麼情況下會去看？

街道的大型廣告板，有沒有認真看過？什麼情形下會去注意它？

禪的「公案」故事，有一則《非風非幡》，其內容略以：二個和尚看了隨風飄揚的幡旗而爭執，「這是幡在動」，「不是，是風在動」。二人都主張自己的說法互不相讓，適有六祖慧能經過說；「不是幡旗在動，也不是風在動，是你們的心在動。」經此指點要害，二個和尚深深體會禪的深奧。

這個故事給我們一個啟示：人類對事物的印象在於「心」的所在，亦即在於「在意」或「不在意」。例如上述報紙上的廣告版，再多的訊息，如果你不在意的話，等於沒有。再大的廣告板，除非有美女露袓的畫像，如與我無關時，我們不會去瞄它。有人說「煩惱」是從「在意」開始，所以是屬於「心」病。

回到創意的動機而言，也可以說，創意在你的「在意」和「不在意」之間。牛頓看了蘋果落地，如果他不在意的話，可能什麼都沒有發現，也不會去思考。

假如你對任何事像都很「在意」的話，創意應該唾手可取。因此創意應從接觸事物的「在意」開始，對事物開始在意時，一個人才會對相關事物「用心」思考。我們知道「在意」因「需求」而產生，但是創意的需求或使命是靠自己去找，也就是需求是創意人自己訂定或主動去發覺。

例如，很多提高或開發兒童智力或能力的智育玩具，是學習教材之一種。因此應利用各種結構性動力源，研發學習教材性玩具，來引起兒童的興趣，促動其本能的操作。

這些教材如何想出呢？很多長輩出自愛心或關心會禁止或限制小孩的行為，引起小孩的反抗，這些都在違反小孩的意

思。我們利用此種現象，思考如何克服雙方的問題創造出新東西、誘導他們走開被限制的行為或使他們注意另外的動作。把這些放在心中，思考解決的構想。雖然不一定馬上成為創意的目標，至少可以在心中，隨時注是如何克服的構想。

有了需求的動機後，我們才能引起對某種事物有心（heart）或有興趣。所以創意人要具備強悍的心靈，這表示創意人對任何事物要比一般人更感興趣，更要用心。

新的技術並不是擠就可以擠出，假如沒有牽引的手拉拔是無從出現。亦即，新技術的出現一定要有需求的引線。

(2) 市場的變化

創意如「天馬行空」既廣又深，如果要自己擬訂創意的目標去執行（如研究工作）並非不可行，但是並非易事。我們開始時可走務實之路。最實際的途徑是從市場的變化──需求（needs）著手。

市場的需求是隱形的，並不如想像那麼明顯，所以創意人對潮流要有敏銳的感覺，才能發覺市場需求的趨勢。市場上的需求是在我們的周圍存在的，問題是怎樣才可以找到市場的這種訊息呢？如上述當你有興趣、或有心的狀況時，自然能感覺到市場的需求趨勢。什麼時候會有這些狀況呢？當一個人在資訊的飢餓狀況時，求知慾或好奇心最旺盛。此時一個人是處於幸福的狀況，他的全身的神經會更緊張起來，所以會有更強的意願去涉獵新的事物。

　　那麼如何使人處於資訊飢餓狀況呢？從一個人的腦中，把過時的情報清除時，就能達到資訊的飢餓狀況。不過千萬不要把所有的資訊全部消除，變成記憶喪失症。在腦中盤據了過時的資訊時，會排斥新資訊的輸入。這種情形猶如過期的商品塞滿庫房，如未把它清理，很難有空間儲存新商品。

　　清掃的方法，不談理論上的方法，最簡單的方法是做「氣氛的轉換」。例如，彈彈鋼琴、看看武俠小說，到郊外透透氣等等。

　　市場是一個抽象的名詞，如何從市場上獲得需求訊息，除了上述要有心或有興趣外，另一條件是要知道訊息在誰的手中，也就是發現訊息的所有人。

　　誰擁有訊息無法猜測，因此只有跟多方面的人接觸，最好跟自己關係越遠越好。另一方法是跟不同專業的人、不同行業的人、不同性別年齡的人接觸。除了與多方面的人接觸外，只要有訊息的媒體，如報紙、雜誌、電視、廣播等都不能忽略。平時少接觸的國外媒體都可能是寶貴的來源。

　　實際上，還有一種更重要的需求來源，常被一般人忽略，那就是在我們身邊存在的需求。有人說；「我們每天都在創造某種東西」。他的論點是，發明並不是愛迪生、貝爾等大發明家的專利，我們日常生活中所用的筷子、茶杯、靴子都是先人發明的東西，其用處不亞於大發明。因此在日常生活中覺得不滿意的事像有意把它解決，這種心態，已具有創意心

理，如果把不滿的原因放在意識中，隨時思考如何排除，把想到的方法付諸實行，就是在構思發明。

　　例如，我們的祖先，為了解決太熱而發明冷氣機，太冷而發明暖氣機。但是人類的慾望是無窮的，我們的身邊仍有很多不滿意的事像，對這些設法解決就需要發明。換言之，在我們的身邊自然有新的需求等待我們去解決。有人稱之為「自然發明術」。

天才型創意

天才的主要標誌不是完美，而是創新。

——A.Kosetler

1 天才和狂熱、高智商

童年時代的愛迪生，一般人看他有一點笨笨的。發表相對性理論的愛因斯坦，學生時代並不出色，尤其是不喜歡外文、歷史，所以平均成績很差。大學入學考試除了數學沒有話說外，其他科目都慘不忍睹，當然無法上榜。所幸該校校長慧眼識英雄才沒有埋沒了這名天才。愛因斯坦另一怪性格是，一旦熱中於工作，常會把家庭拋在腦袋外，連旁邊走過的妻子都視為剪影畫。

但是也有另一類天才，如康德（德）、笛卡兒（法）、黑格爾（德）等，却是各科目都獲得優異成績，始終保持班中的首席位子。

從很多事實證明，智商的高低不一定和創意有一定的關連。有的研究結果甚至否認，智商高和有創造性的人是模範生。

人類的創意和狂熱，或天才和狂熱，從古代希臘時代以來一直被討論。我們多多少少認為天才和他們狂熱而奇妙的行為有關連。相反地，我們有一種傾向，因為他們的狂熱性行為而封他們為天才。

在創造時對其「前提」應予以破壞。由於舊的傳統性思考被停止或破壞，才有助於新的、次期性的思考出現。所以，狂熱性的動搖或動亂，首先發生破壞傳統性思考的模

式。這傳統性思考在人類日常生活中，成為基本的重要東西。換言之，它是我們心中的基本性容器，失去它人類無法生存。要動搖該基本，把它消滅是非常危險的，但是沒有破壞就沒有進步。

此種破壞性程序帶著冒險，所以出現智性和狂熱的糾葛是必然的。在破壞後為了新的綜合則開始創造。這種綜合的程序是脫離狂熱，進入純粹的智性發生重大作用的時期。如此，創意有「破壞」和「綜合」二種程序。在破壞的程序中，狂熱性因素扮演主要的角色，而在綜合時天才的資質會很自然的出現。

但是我們不能斷言，狂熱對創意有加分的作用。因為過度的狂熱，例如精神分裂症的發作，只會斷絕創意，所以適當的狂熱，適當的紊亂才能引起創意。

那麼沒有狂熱的創意是否存在？有人認為，天才在沒有狂熱仍能發揮。有天才性資質的人，如前節所述，有非把這種資質發揮不可的現象。這種內在性的自我實現的動機，以及把自己的能力付出的喜悅，這種純粹性創意的慾望，是產生天才性工作的動機。換言之，「資質促使他們發揮其願望」。

但是，假如天才性資質的發揮被阻擋時，由於這種不滿，多多少少會使得天才淪為人生的脫落者，或變成懷才不遇的譏誚人。

有些天才的創意是付出狂熱的高代價而取得，但是也不能直接以此認定天才一定是狂熱份子。所以要探討這些人的創

造力的根源，應從其他的領域探究。亦即，必須調查他們的發明、發現等創意的產生過程。

2 天才型的創造過程

法國數學家彭加勒在其自傳中曾表示：「──接著，我對該函數想以二個級的商來表達。這種想法完全是自覺意識的，也經過反省的想法。亦即，與橢圓函數類推給我啟示。假如這種級數存在時，只要尋求其性質如何，就毫無困難可以達成我想像中的稱為第古福克斯級數的級數。

此時我離開住所參加地質旅行。旅行讓我忘記數學上的工作。有一天想散散心去坐馬車，當踏上踏板的瞬間，無意中突然在腦中浮出我想在福克斯級數下定義應用的變換，與非優克力（Non-Euclidean）幾何學的變換完全相同。坐上馬車，因為要跟同座人會話，無法驗證上述想法，但是我仍確信浮出的想法正確。從旅行回家放鬆心情後，從容地把它驗證。」

經過類似上述情形的發現、發明很多，通常這些發明、發現者初期為一個問題執著而苦鬥，並體驗沒有成果的時期。但是在長期間苦悶之後，為了放空自己，拋開問題，反而突然浮出解決之道。這種帶著完整而有確信的解決，猶如啟示般出現，既係直接獲得結論方式的解決，所以過程的証明（如從A變為B），就成為事後的工作。

這種案例不限於數學上的發現，例如上述法國小說家都德編寫戲曲名作也有類似的情形。

各種天才的創意過程有一種共通性，如予以歸納可以分為四個階段。

第一階段為準備期

創意人為自己的問題盡量收集資料。努力為探求解決而拼命，但是成功並不簡單。通常經年累月耗在無功的時間，有時會認為各種方向都已碰壁而放棄努力。

第二階段為孕育期

這是放鬆緊張的時期。在此期間，外表上沒有任何活動。例如上述小說家都德有一種習慣把日常生活中留在心中的大小瑣事，悉數寫入筆記簿，但是收集的資料並不是為了某種場合使用為目的，完全是自然性的進行。但是累積了資料也不是馬上開始創作活動，反而在度過如倦怠期般的日子，荒廢在無法工作的無為歲月。另如上述數學家彭加勒在發現前去放鬆性的旅行。但是不要看輕此種放鬆性期間，在此期間，在創意人本身不知不覺中，可能有某種重大的過程在進行，才有光明的結果降臨。

第三階段為靈感或啟示的閃出期

解決，在剎那間，並且以完整而有確信的出現。這種情形連創意人也感覺好像不是由自己本身的不可思議的力量冒出答案。但是有人說；靈感不能等待其出現，靈感不是懶惰者的訪客，靈感只訪問不斷追求它的人。

第四階段為驗證期

如上述，在靈感閃出時所獲得的答案並不是因為A所以有B這種論證方式出現，得到的只是答案而已。所以需要去證明為什麼是這種答案。但是既然已有了出口的方向，所以應從既有的知識或定理出發。因此如何證明邏輯上的道理，並不困難。證明並不是思考的本質性過程，反而是為了對別人說明或說服他人所需要的。

一般的創意

發現之意義是見人能曾見，卻能思人未思。
——Alhert Sgent-Gyorggi

1 創造的過程

　　日本曾有一雜誌社請益當時的頂尖人物，談一談成功的過程，從他們敘述的事實中可以歸納成如下數語；「人有飛躍的時機。時機不是慢慢來，有時候會突然來臨，是在體力、智力、技術、運氣等一切在充實的時候出現。」這句話給我們的啟示是；創意的出現是一切在按部就班努力的結果。時機的來臨沒有僥倖可期。

　　一般的創造過程與天才型的創造過程比較，過程本身並無太大的差則，但是天才型經過的孕育和靈感（或啟示）閃出的步驟，一直在研究上帶有特殊而神祕成份。一般人的創造在這些步驟只能按部就班，以「混、化、生」等步驟的循環中進行。因此我們把它們歸為「產生」階段。所以我們把一般的創造過程，以比較簡單明瞭的方法分為如下三階段：

　　準備階段　　此為個人搜集材料，為創造性活動做「準備」的期間。

　　產生階段　　在此階段，想出跟解決問題有關連的想法或方法。

　　評估階段　　在選擇「創造性」解決法以前，先評估其想法，以期付諸執行。

(1) 準備階段

在此期間包括閱讀各種書籍，做各種思考。

對問題的準備的程度會影響創意的生產性。但是也不一定準備越多可引出更多的創意。有時過去的某種問題的想法或經驗，或創造性努力的嘗試本身，會對創意的產生引起事後的界限或妨礙。人類有時會被套在，事前就認為不可能探討創意的「思考框架」。這種知識、經驗的魔呪有人把它形容為「理性的傲慢」。

例如，某點火栓的生產工廠要求所有的員工，對點火栓的使用法儘量提出所有的可行方法。結果廠內工人提出的創意數，比在工廠外工作的人所提出的創意數還要少。另外也有，市場調查負責人對消費者的嗜好或其變化遲鈍的案例。

德國人以「公司糊塗」一詞來說明，在特定的公司在職若干期間的人，不會以嶄新的眼光看事物。企業之所以要聘請外界顧問的主要優點就是，外界人對問題能以新鮮的眼光看它。

但是這種現象並不表示關於問題的經驗會妨礙尋找新的解決法。換言之，關於類似問題的經驗，可以促進解決方案。有時這種經驗是需要的，關鍵在於慎重思考解決方案以前，要把「問題以逆向方法去觀察」。

在準備階段，動機和心裡準備最要緊，不過過度的給與動機有時也不一定會產生效果。因為過度的給與動機很可能使其在極狹窄的思考模型注入精力。有些研究指出必須以更輕

鬆的態度相處。但是在精神活動方面強力的韌性是非常重要的，所以應該保持很高的動機。

　　有一種實驗，將一批工程師分為二組，對倉庫管理的自動化識別各種箱子的系統做檢討。一組被要求對現行系統做批判性的研究，把缺點列表。另一組被指示，應保持建設性心態，提出各種可試行的有效方法。接著要求兩組的每個人，提出對這些問題或類似的問題的解決方案。結果，被要求做建設性評估的工程師，對兩種問題都提出較佳的解決方案。這實驗給我們啟示，對別人的創意性嘗試，不以否定性而以建設性檢討者，可能會得到更有創造性的發想，並能做到建設性的解決。

　　總之，應在不妨礙思考管道的可能性下做準備，對問題從不同觀點重新構築，為概念化花費更多的時間。再者，為確保持續性必須提高動機，但是為進行生產性「思考的試行」時，必須放鬆態度。

(2) 產生階段

(a)產生過程的循環

　　創意的引線（動機）如前面所述是靠需求，創意人如何獲得需求的相關資訊是創意人基本上應培養的事項。有了需求就要確定應走的目標，對準此目標從腦中的記憶找出相關的資訊，開始創意中關鍵的創意的產生階段。這階段也是創造力發揮的階段。

　　創意的創造過程的各步驟，香港的創意大師黃霑先生分為，混（混入腦中）、化（消化）、生（完成）三步驟。詹姆士、楊分為，推敲資料、去蕪存菁、產生實踐三步驟。但是大家應注意，各步驟並不是一直線的走下去，而是在各步驟間來回循環。也就是，整個過程實際上如下圖（圖1）在各步驟間反覆來回。實務上創意的產生是，依需求從記憶中找到的資料，要經過「推敲」是否合適，不合適則應回頭再從記憶中找其他資料。認為合適時則經過腦力激盪，以「組合、改變」等技巧「試做」想像中的東西。在此步驟如仍然覺得不滿意，則再回頭從記憶中找資料，重複做上述各步驟。經過「試做」創造出滿意的東西後，則進入「評估」，如認為滿意則屬於「完成」，進入準備「執行」。否則仍可以回頭重新從記憶中找資料開始。

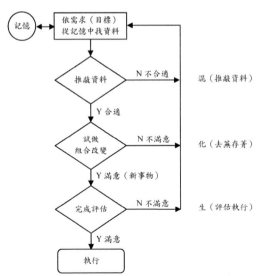

圖1　創造過程各步驟的循環

(b)試行錯誤模式

上節所述創意產生的循環，康貝爾稱之為「試行錯誤」模式。康氏說；創造性的思考只是人類為了獲得關於世界性知識的一般性程序的一種形態而已。這模式有三個結構。

第一為：「多樣性」的創出。例如，對問題的各種因素間，賦予各種各樣的關係，使它們形成或組合。

第二為：「一貫性」的選擇程序。據此選出特定的組合。

第三為：將所選出者能「保存、再生」的結構。亦即，覺得滿意的多樣性行動，把它重造的能力。

這種創造性思考含有「試行錯誤的原理」。因為從所謂思考的試行或想像上的經驗，找出解決法，就是創意的過程。一旦給與問題，一般人都為了獲得滿足的解決法，一直以這種模式在思考。這種試行解決問題，或多或少以隨機（Random）方式進行。

思考的試行錯誤，不只是實際的具體性思考，也包括高層次思考。創造性的天才也是透過試行錯誤，學習對各種各樣的問題，如何接近的方法。但是我們不能忽略這種模式的重要啟示為，創造性的想法偶然性占很重要的成分。

這種模式的結構，如以實例來說明則如下。例如，當我們想開發鐘錶的新產品時，可將鐘錶的構成要件分類成；動力源、周期性、傳動、指示板、外表等五種要件，並對各要件列舉相關的技術性手段的項目（如次頁表1）。然後對各項目做各種組合。假如構成要件為五種，各技術性手段項目有五項目

時，照計算可組合的種類計達三一二五（5^5）種。我們不可能
對三千多種的組合都做試行錯誤分析，實際上表1的情形，因
為各要件可想到的手段項目不一，組合種類的合計數，照可行
手段項目數計算，則降為七五〇種（5x5x2x3x5）。可組合的數
量仍相當龐大，所以代替案的範圍仍然很多。

此時我們應對其中作為新製品的可能性較小的項目先予
以排除，或依需求的目標（例如，復古型置鐘）予以篩減，最
後認為可行而合適的特定組合應該剩下無幾。對這些經過篩減
的項目進行試行錯誤的檢討。篩減選擇程序中可考慮的條件
有，市場性大小、成本高低、開發時間長短等。

表1　時鐘的構成要件表

構成要件	動力源	周期性	傳動	指示板	外表
技	電壓變化	原子振動	齒輪	指針	現示板錶
術	電池	音叉	IC	電氣表示	懷中錶
性	電氣	水晶		數位表示	手錶
手	發條	遊絲組			置鐘
段	錘子	鐘擺			掛鐘

從試行錯誤模式可得到幾種啟示。

首先，人類如果能夠重複做更廣泛、更多種的思考試行
時，創造性可以成比例的提高。換言之，我們願意對思考付出
的「投資」，等於我們想提高創造性的機率。

第二是，透過更廣泛的人生經驗，可帶來思考試行範圍
的擴大，以及更豐富的創造性。

　　第三是，對探險性行動如能在極寬容的氛圍下工作，可以使心情自由，有助於創造性解決法的產生。亦即，環境是很重要的因素。

　　第四是，抓住適當的解決法的能力是因人而異。只單純地找出實行可能的解決法是不充分的，我們要進一步在幾種解決法中決定那一種可以付諸實行。此種「選擇能力」也因人而有很大的差異。又，對現在的問題選擇適當的解決法以外，如能對實行可能的其他解決法也予以概略的觀察時，可能產生意料之外的其他問題的解決法。

　　在這種重複多次的思考試行中，很多創造性豐富的人，可以同時解釋其他的相關問題。例如在科學的範疇，常發生因此而發現意外之物。例如，弗來明「偶然」發現青黴素（盤尼西林）是一例。

(c)產生過程中的阻力

　　在實際進行創意的產生過程，有二種重大的「障礙」。一為，在產生階段很多人會依據以前的經驗把問題概念化或因果關係化。另一為，在提出解決法前使用的解決方案的評估基準。

　　創意在產生階段常遭遇「思考框架」的妨礙（抑制）之影響。詳細將在第6章討論，本節先舉例說明思考上的陷阱。

　　我們在此提出下圖（圖2）12點及9點的問題為例，請想一想以四條直線，且每條必需連成一串的條件下，把圖中12點及9點全部貫串。

```
*        *        *      *      *

*        *

*   *   *   *        *      *      *

*        *

*        *        *      *      *
```

圖2

（答案請看本書附錄2　圖2之答案）

　　我們在思考如何把點和點連結時，通常會找最短距離的線，或自我設限不要跑出圖外等。但是要解答此問題原來就沒有此類限制。如果我們想不跑出圖外，幾乎不可能照問題所要求的條件下完成工作。本題的答案如附錄所示，四條直線都有可能超出原圖的各點之外。

　　從此例可以看出，在產生階段時妨礙（抑制）者是思考之匡架。我們面對問題時，有一種傾向，就是自己設定不必要的前提或約束。但是前提或約束本來是恣意性的，因此最大的問題是，自己本身如何從類似的約束解放。

　　當我們已有預備的知識下要解決問題時，因為在受限於特定範圍的情形下發揮創造力，所以宜注意下列各點；

(a)　儘量以不妨礙思考管道的可能性下做準備工作。

(b)　儘量對問題多花時間去思考，從不同的觀點重組，概念化。

(c)　為生產性的「思考試行」，應儘量放鬆態度。

(d)　儘量把狀況自由擴大，以利創造性的產生。

雖然創意的數量增多，會帶來品質的降低，但是只要不斷地給予動機，仍能催出優異的創意。創造性的人，有驚人的舒展傾向。這些情形會讓別人看成悠然自得般怪異的理由。思考上的約束不只是個人內部出現的壓力，在社會、產業或商業中的傳統性習慣或規範，也成為創意產生的很大障礙。所以採取「奇妙」的行為表示，對某種世界能夠以更多不同的觀點去觀察。亦即，能以更廣泛的相關因素去思考。

(3) 評估階段

創意執行前的評估或判斷最好延後辦理。創意產生後，最好不要馬上評估它。有人說，這是最佳的方法，其理由為，評估的基準對所產生的創意的質和範圍有重大的影響力。此點，由小組或組織做決策時，更是一種非常重要的關鍵點。

此外，發明的初期是在遊閒的心情下進行，但是當逐漸造出自認為出色的東西，聽到別人賺錢的話題時，難免會出現躍躍欲試的心態，想投入一些資金，試作產品或提出專利的申請。有人更進一步想自己製成商品銷售。

這些想法是陷你破產的發明陷阱之一，千萬不要嘗試。再優秀的發明，如沒有銷售管道的「外行人」，很少有成功的案例。

上述商品上市的願望，表示你的發明能力的進步。因此先要瞭解（熟悉）專利的申請手續。發明和專利如車輛的兩輪，不能缺少任何一方。因為，想出的發明，如果沒有申請

專利或商標的特許時，無法証實屬於別人沒有想到的嶄新構想，或者將來被別人仿冒時也無法抵擋。

再者，如果自己不能編製申請專利等的文件，有下列各種缺點：無法判斷何種構思可成為專利，何種「實用新案」能取得許可，並且對創造力提昇沒有幫助，又花錢費時。換言之，申請文件能自己編寫時，可以使別人對自己的發明更理解，有時在編寫中會浮出不同的發想。

愛因斯坦在想到新的理論時，花費很多時間在構思如何能對中學程度的女生說明，使他們瞭解。

發明如果只有自己才懂，是無法公諸大眾的，故需要把自己的發明做淺易的說明。為了由國家（政府機關）認定是嶄新，進一步使大眾能接受（瞭解），練習文件的編製占很大的分量。

2 創造過程的實例

(1) 系統化結構

創意的產生過程，由上節的敘述得知，基本上先有；收集資料的準備期，有了需求（目標）後進入思考解決問題的產生階段。這階段在天才是在等待靈感或啟示的冒出，有倦怠、放鬆等不同的掙扎期，等待時間的長短不定，好像在碰運氣，誰都沒有把握。

　　一般的創意人就不能如此「靠天吃飯」般的等待。我們對自己可控制的項目，必須以人為的技巧克服，代替無限的孕育和等待靈感的出現。

　　目前可應用的技巧之一有：「系統化結構（Systematic mechanism）」的按部就班方式。這是美國人想在短時間內趕上，過去在歐洲幾千年創造的輝煌歷史的辦法。

　　回顧美國和歐洲的科學技術的發展史，在歐洲，例如畢達哥拉斯的三平方定理，阿其米德的浮力原理，法拉第的電氣分解，牛頓的萬有引力法則等每一種科技必有發明發現該原理的天才的名字。換言之，歐洲的科技係依靠這些天才在發展。據統計歐洲約每百年才產生一位有影響力的科技人才，所以，實際上花二千多年才建立目前的科技水準。

　　那麼建國才二百多年的美國，不能靠這種從容的態度去發展。換言之，不能等待百年才出現一人的天才來對抗歐洲，所以必須放棄等待天才之出現，需想出迎頭趕上的妙法。

　　天才和凡人假如能剖視其腦力時，天才的腦袋是裝滿知識資訊，凡人的腦袋裝了有限的資訊，假如其比例為1：20時，只要有效的組成二十個凡人也可以對抗一個天才。美國想出者就是「系統化結構」，也就是以「凡人」集團做非凡的事。

　　系統化（Systematic）這種想法是美國人創造的方法，單字system也是美國創造出來的。其基本精神為，叛逆精神占大部份。因為不可能的任務是指，以目前自己擁有的常識或慣例的想法來組合，是無法解決的任務。要使其成為可能，不得不採取和過去不同的方法。假如沒有反體制的精神，則現存的東

西如舊，不可能有新東西產生。所以，如何迎頭趕上，把不可能的任務完成，需以含有反體制的思想的「系統化結構」才能應付。亦即，把不可能變為可能的處理程序（process）稱為系統化處理（Systematic process）。

系統化是從對目標（對象）做分析開始，分析採取按部就班的處理。所以系統化是，為完成某一特定目的，人類製定的行動體系。具體的說是，把「輸入（資料）」經過變換手段「處理」後，產生「輸出（資料）」的系統。其主要步驟可分為；

(1) 瞭解想像中目標（對象）的概貌或輪廓

(2) 將其分割為若干邏輯的「區分」，如構成要件、關鍵項目等。

(3) 以各區分為單位，一面進行各區分的研究，一面考慮各區分間的關係。

茲再利用上述想研發新型鐘錶為例來說明。首先從鐘錶的用途來看，先決定大目標，如裝飾目的或實用目的等。然後對鐘錶以主要構成要件及想像中的技術性手段等關鍵項目，列表作為分析檢討之參考。（見次頁表2）

分析的推行方法可以列舉如下；

(a) 對關鍵項目依目標（對象）收集相關資料，

(b) 從收集的相關資料，思考如何構成目標等問題，

(c) 研究各構成要件本身及要件之間的互相關係，

(d) 以全構成要件試測及再現目標，則重組各構成要件來分析對目標的滿意度。

(a)(b)(c)就是上述步驟(2)的相關分析。(d)就是步驟(3)的分析，這一步驟是不管處理任何事項時，在主張自己的認識的正當性，或判斷是否接受別人的主張時，一定要經過的步驟。

假如我們的目標是大型裝飾用時鐘時，從表2中，考量大型復古型裝飾「置鐘」為目標，選出以發條為動力源，利用鐘擺、齒輪及指針來滿足復古的要求。然後對關鍵項目逐項思考可行性。

表2　時鐘的構成要件表

構成要件	動力源	周期性	傳動	指示板	外表
技 術 性 手 段	電壓變化 電池 電氣 發條 錘子	原子振動 音叉 水晶 遊絲組 鐘擺	齒輪 IC	指針 電氣表示 數位表示	現示板錶 懷中錶 手錶 置錶（鐘） 掛鐘

從上面分析步驟之例可以看出，每一步驟的關鍵項目可能由不同的技術人員來研討，故系統化的另一種精神為，承認「別人有不同的想法」。簡單的說就是，做任何事情要站在別人的立場去考慮。如果別人是代表顧客或使用者時，其精神所含的意義就更清楚。

系統化結構的另一特色為，系統（或制度）本身是可以由很多副系統（Sub-system）有機的結合，來完成某一目標的

結構性組識。例如上述鐘錶的案例中每一關鍵項目可能是一個副系統。每一個副系統基本上可以獨立運作，只要求在「輸入→處理→輸出」的三步驟中，輸出之資訊能與其他副系統結合或被利用。

透過這種結構性組識，很多工作可以在一個計畫主持人下分工合作，完成龐大的計畫。美國的太空計畫也在這種系統化結構下完成。

(2) 自力摸索的經驗談

2007年初夏筆者住宿埔里的牛耳藝術渡假村時，有緣購了畫家法界遊子（本名蔡琨華）著作的《亂話漫畫》乙書，閱讀後覺得其內容等於介紹整個創意產生過程的經驗談，是蔡老師親身的體悟，對將來想從事創意工作的人有幫助，且對「如何自我訓練創意」有很多啟示，故特作為「創造過程的實例」介紹。

蔡老師雖謙稱只會寫「佛」字的「書法家」，實際上他的創作精神、過程和成果，有人封他為【亂學】大師，實不為過。

筆者不敢以短短數語來介紹，他化了20餘年才開竅（蔡老師自述）的成果和精髓。僅借用書中的佳句拼奏起來介紹對創意人有用之「部份」。

（註：以下『』部份是摘自《亂話漫畫》乙書。摘錄方式如有不恰當或文不達意之處，亦請蔡老師包含。）

【突破現則】

　　蔡老師『從只會畫一些別人所設定好的圖，跳出以「亂畫」的概念找到入門訣竅。』也『沒有想到，以打發的心態——「亂畫」，竟然讓我體會到前所未有的輕鬆與快樂。』實際上『「亂」就是沒有規矩的限制，』他認為『準則的規範，變成一種傷害』。

　　『開始亂畫之後，心情變得輕鬆，圖也變得活潑，居然能突破僵硬的慣性和制約的模式，猛然發覺在慣性和模式外的世界，——無限的天空——。』

【想像力】

　　『我們應該從「亂畫」中去「學」一些東西，學「本來就有」的東西！而這個「本有」的東西卻被我們忽略而消失。這本來就有的東西，頭一個是想像力。』

【觀察力】

　　『亂畫要尋回第二個本有的基本能力——「觀察力」。——是而感受到亂畫的活潑性、抽象性與創造性。』『觀察不是天才白痴的問題，而是願不願意的問題。』譬如說『隨便拿「亂畫」的兩張圖來比較，——可以突顯每一張圖的「不一樣」（即；特色）。』『這雖然是簡單的觀察，但是如果你是「有心人」你會發現此（沉浸的）階段，出現「敏銳」的察覺到，「我之外」的一切動靜。（不只是圖）』『能從亂畫中找出「不一樣」的特色。你的觀察力的火候就有進步。』

【敏銳度】

　　『我的創作都是從「亂畫」來的。但，不要冀望幾次亂畫就有創造性作品。——需要千百次的沉浸才有可遇不可求的奇蹟發生。』

　　『敏銳度就是創作的基礎，——亂畫就是在培養它。——然後在觀察和想像的互動下，讓自己變得「海闊天空」。』『如此亂畫的範圍擴大，想像力的舞台開幕了。這就是觀察之後，「想像力」的訓練！當有辦法解釋抽象圖的時候，會進一步的了解到〈逆向思維或反推創作〉——』

　　『用自己的抽象方式創造出自己風格的作品，然後進入「想像就是創造」的本能。這就是觀察、想像之後，「創造力」的訓練！由於敏銳度的提昇，……從看到亂畫才有想像力，當你看到火燄、浪花、樹影……，都可以是想像力的訓練。也可以作為創作的靈感。』

【融合和臨摹】

　　『此時，自己的亂畫，應可以與別人的比一比，在「明確知道自己的不足」時，以「敏銳的覺察力」發現別人的「特別」，以「融合」方式彌補自己的不足。』

　　『融合是把別人的東西融入自己的風格內。臨摹是把自己變成別人的影子。兩者是不一樣的。』『「不足」創造需要，「需要」創造融合，「融合」可以成就自己，也可以成就別人。』

　　『動用觀察力，從亂裡面去蕪存菁，自然圓滿你所認為「美」的圖。』『如此，來提昇我們的繪畫水平，……技法可

以在驚喜的心情中不斷的進步。』

【過程與結果】

　　『好好的珍惜過程中的種種體會，那才是真正的無價之寶。』『過程與結果，人們往往用「結果」來衡量價值。而追求「結果」的結果往往成就虛榮。所以我更重視「過程」，過程的內容可以決定結果的虛實！結果只是過程的必然產物，何必去擔心結果呢？』

　　『要改變觀念，親身體會最重要。……觀念一改變，舊有的行為模式就不得不崩解。……才能脫胎換骨。所以，千萬不要忽略過程中的體會！』

【結論】

　　到此階段，蔡老師自述；關於「亂畫」的技法方面可告一段落。其結論擬以他的下面幾句話做一個交代。

　　『至此，筆法經過亂畫的洗禮，起了改變。再透過亂畫體驗的薰習力，重新架構自己內在（美醜觀念重整）的修為，進而發現自己外在行為（慣性筆法）的偏頗，再藉著明確（對美欣賞）的自我覺悟，快樂的改變舊有的觀念模式（成嶄新的繪畫風格）。註：此段文字，若去掉括弧的內容，就變成了一種內在的心靈修為。亂畫由技法變成了心法。』

　　總之，蔡老師的漫畫的經驗是，從亂畫中可以學敏銳的觀察力和想像力的基礎，突破漫畫本身的狹義創作，而在漫畫

之外找出另一片天。然後，融合「亂」畫和「規矩」畫兩者的
差異性。融合之後，就是新視野拓展的開始。

註：以上是把蔡老師的大作的前段之摘錄，後段對心靈方面還有很精湛的論述，讀者
　　如有興趣可閱讀該書。

6 啟發頭皮下的東西
——創造力

不可能的事常是沒有試過的事

——J. G

1 先期作業

(1) 實施自我訓練

通常我們是將喜、怒、哀、樂等感情明顯地留在意識中，當我們想把這些原因予以擴大或消除時，需要轉換腦袋。

一般人對有些事情只會認為，沒有辦法，或索性予以肯定，或放棄。這些都是人類的惰性，是腦袋有一點彊化的現象，應可以利用訓練使其柔軟一點，以期隨時轉為積極處理事情的心態。這種心態並不是天生的，是需要繼續訓練才可以養成為習慣。

訓練的方法很多，如腦力激盪法、列表追踪法等。在此擬介紹若干常用而簡單的方法供參考。

首先，從「延伸五官的感覺」做起。

人類透過視覺、聽覺、嗅覺、味覺、觸覺等五官的感覺使腦袋引起思考、行動。所以能以其中的任何感覺為主體連想東西。例如以視覺感覺東西或事像的形、色、美醜等。假如我們以其中的「形」為主體來連想時，則可想出圓→三角→四角……，再對「圓」連想下去，則有銅板→盤子→……。初步做這種連想至少可以想出數十種東西。

其次，做「用途的變更法」

對身邊的任何東西，可以想出原來用途以外的使用法。

此時對形狀、材質、大小等應自由自在地發揮想像力。不管是否實用，越離奇、越古怪越好。例如，把飛盤作為玩小遊艇的競賽池，寶特瓶填滿細砂代替健身用亞鈴等。如此，把一種東西想出二三十種的用途時，想像力的訓練就有成效了。生活中視為廢物的東西，嘗試想出不同用途，不但可以達到物質的再利用，也是對愛惜地球盡了一點心意。

日人對東西用途的變更，是向精緻化的路線走。例如，從飲茶發展出禪意很濃的茶道。燈籠，除提燈在外形求變化外，配合「和紙」的透光柔和性，在裝飾燈、藝術燈方面探究變化。

第三是「比較法」，這個方法是對同種類的東西，收集形狀、材質等有差異者二種，把這二種東西的內容、操作方法等詳細項目，儘量做仔細的分類列表，然後做比較分析的方法。

例如10元的打火器和高價位的電子打火器做比較。列出外形、顏色、瓦斯、打火石的更換、著火的好壞、重量……等，以項目別對感覺好的一方做〇的記號。如此，在A、B二種打火器外可創造C型的打火器。這種打火器應比A、B型為佳。所以等於發明C型的打火器。

以這種方法嘗試後，進一步不用比較二種東西，可以直接判斷東西之優點，找出發明的「種子」。

以上三種的任何方法，在搭捷運或泡溫泉等日常生活中的短暫時間，能以某種題材反覆思考出多種花樣時，則表示腦袋已慢慢擺脫疆化。

最後是「親自動手」，肯德說；「手是腦表現在外的東西」，也有人說；「發明是用手創造出來」。

發明當然由腦袋去思考，但是想到了就馬上以手去嘗試製造。只在腦中思考，是否能如想像把它組成、能否起動，是否有效果，都是仍在「想像中」，無法確認。用紙或木材等材料，由腦袋的「分店」（手）去試做，才可以發覺組合不順的地方，不能運作的部份。假如有不順暢的地方，經過手心、手指的感觸得到適當的刺激，則可刺激腦力，因而想出改進的想法。

(2) 從益智故事學習

除了上述較「傳統」的訓練方法外，我們把創造力的培養方法，轉一個彎，利用先人留下來的很多益智故事來體會創造力的培養。這些益智故事或多或少都在啟發我們的創造力、想像力或思考力。

下面是幾篇精彩的益智故事。我們把每篇故事依其結構，分為「起承」和「轉結」兩部份，首先只介紹故事的「起承」部份，請大家以休閒時喝咖啡的心情閱讀，然後自己試擬（或猜一猜）故事的「轉結」部份，有了自己的想法（結局）後，再跟原故事的結局（見附錄1）比較。如此或許對瞭解下節開始要討論的「如何解開思考障礙的處方」有幫助。

1 以牙還牙

從前有一個既小氣又刻薄的財主。有一天叫長工去買酒，只交給長工一隻空酒罈，卻沒有給錢。長工感到很奇怪，問：「沒有錢怎麼買酒？」財主生氣的說：「花錢買酒誰不會呀？能不花錢卻能把酒買回來，才算本事。」

假如你是長工，如何應付財主的要求？

（註）故事的後續發展請看附錄1

2 忠告的價值

有一群人在集會的場合聊天，話題轉到「什麼最有價值？」有人說是「健康」，也有人說是「財富」。

這時候，一個年長的朋友開口說：「只有『忠告』最有價值。」這位長輩在一群人中，最有學問，所以他一開口說話，使人琢磨半天，不得不慎重思考。不久，有一個人發問：「那麼，你能不能告訴我們什麼是最沒有價值呢？」

「忠告。」該長輩很快的回答。

問的人笑著說：「您剛才說最有價值的是『忠告』，現在卻說最沒有價值的也是『忠告』，不是自相矛盾嗎？」

長輩的話有無道理？猜一猜長輩說話的背景。

（註）長輩如此說的道理請看附錄1

3 上樓下樓

某鎮上有一個少年非常聰明。鎮上卻有一個富翁也自認為最聰明，看不起該少年，想讓少年出出洋相。

有一天少年從富翁家門走過。富翁從樓上窗口看見少年，叫住少年說：「大家都說你很聰明，我不大相信，你能否騙我下樓？」

假如你是該少年，你要如何應付富翁的難題？

（註）故事的後續發展請看附錄1

4 利用人性

從前有一個農夫因案被關進監獄，家裡頓時失去能工作的人。有一天農夫的太太寄一封信給農夫訴苦：「應該種馬鈴薯了，可是田沒有人翻土，怎麼辦？」

農夫給太太回信說：「我在田裡埋了一大箱金幣，妳如果生活困難，可先把金幣挖出應急。」

監獄對犯人的任何東西都要檢查，當然犯人的信件往來也不會例外。看守人員對農夫的信詳細閱讀。

這故事會如何發展下去，請讀者以自己的想像去猜猜看，然後再與答案比較。

（註）故事的後續發展請看附錄1

5 逆來順受

二十世紀初，美國有一位作家以寫諷刺幽默小說而出名。有一個人對這位作家獲得如此大的名聲很妒忌，一直在想用什麼辦法來打擊他。有一天，紐約的一家報紙出現一條新聞，報導這位作家已經去世。

消息馬上傳遍全國，親朋好友從各地趕來為作家送葬。大家趕到作家的家時，看到作家正在伏案寫作，又驚又喜，同聲譴責那家造謠的報社，鼓動作家採取適當的行動。

請猜一猜該作家對此事如何反應？

（註）該作家採取的方法請看附錄1

6 鄭重聲明

美國的著名作家馬克、吐溫，在某記者招待會被問及對當時的國會議員的看法，他回答：「我看美國國會中有些議員，是穿著西裝的賊。」

這話被登在報紙上，立刻引起國會議員們的憤怒，強烈的要求馬克、吐溫在報紙上向國會議員道歉，否則就要以誹謗罪起訴他。

許多朋友都為馬克、吐溫擔心。因為議員都是有權有勢的人物，得罪他們後果可能會很嚴重。

請猜一猜馬克、吐溫如何應付此局面。假如你是當事人如何應付？

(註) 故事的後續發展請看附錄1

7 肖像畫的下落

一個大企業家請一位畫家替他畫肖像，畫家花了近半個月才把肖像畫好。可是大企業家對著畫左看右看，覺得很不滿意，說：「你沒有把我畫好，上面的人不像我。」因此，大企業家拒絕付錢給畫家。

假如你是畫家，你會如何對付大企業家？

(註) 故事的後續發展請看附錄1

8 一塊肥皂

西班牙大畫家畢卡索到奧地利首都維也納旅遊。雇了一名導遊小姐，帶路參觀名勝古跡。

由於這位導遊小姐看畢卡索穿著平平，因此把他當作一般遊客，許多該去的地方並未帶畢卡索去。畢卡索雖然很不滿意，但是分別時仍問導遊小姐：「我想送一點禮物給妳，妳最喜歡什麼？」

導遊小姐很貪婪，但是又不便明說，只是說：「我喜歡的東西多了，就怕你捨不得花錢。」畢卡索說：「只要妳喜歡，我不怕多花錢。」導遊小姐說：「請給我一些在耳朵

上、脖子上、手指上用得著的東西。」

你猜一猜畢卡索如何回應導遊小姐的要求？假如是你，你如何應付？

（註）故事的後續發展請看附錄1

(3) 淨空思考的容器

除上述的訓練法以外，如何擺脫腦袋的疆化或心理的障礙？還有一項很重要的先期作業。這作業是什麼，下面的故事也許可以給我們找到答案。

有一位德高望眾的禪師，招來一位徒弟一起談話。片刻後，到了用茶的時間，禪師向徒弟的茶杯倒茶。茶倒滿了，未停止注茶，茶水從杯子溢到地板上。

徒弟只好喊著「請停止吧！茶水已溢出杯子，茶杯無法再裝了。」禪師說：「竟能看到這種狀況，對你也可以說要注意這種情形。如果要得到我的教誨，則先把頭腦的杯子淨空。」

要把頭腦淨空，有時必須要有能力把知道的事情忘記。如果沒有辦法把知道的事情暫時忘記，則我們的腦中會充滿既有的解答，很難有疑問性的動機去推動開往新方向的路。過去的學習會在腦中產生僵化，要擺脫僵化，應該暫時把它忘記，亦即、把腦袋的茶杯淨空。也就是說把思考的容器淨空。

　　這件事好像很容易做到，實際做時並不如預期那麼簡單。這些腦中的僵化，往往已深深地浸入我們的想法或行動模式，我們不再感覺到被它左右，甚至已成為第二天性。因此如何擺脫它，須加一點功夫。例如，對腦袋做一次「重重的一擊（刺激）」，使自己脫離「如法泡製」的想法。如此始能從習慣性的思考心態解放，強迫思考問題，體察新的疑問，引出其他的正確解答的可能性。

　　「重重的刺激」有很多方式，其共同點是，至少在那一瞬間，強迫你去想重擊而來的事情。例如，失敗的故事，或開玩笑，或驚險的消息等等。這些可以使你暫時從常走的路徑岔開，思考不同的事。這種對腦袋給予一種刺激，有時可以提前發覺潛在性問題的發生，也可以發現從前沒有注意到的可能性，甚至可以產生新的創意。下面是給你「重重的刺激」的若干案例。

- 突然接到久違的老朋友的信。
- 在想一個問題，經過二小時的苦思，把思考方向做180度轉變時，獲得問題之解決。
- 獲知高中的「放牛班」同學，在商場投資變成富商。
- 聽到家附近有火災的廣播。
- 骨折受傷才領悟一直認為步行習慣之當然性。
- 合夥人獨吞公司的資金捲逃。

　　愛迪生的一生就是由於受到這種「重重的刺激」得到好處的實例。

　　年輕時，愛迪生對電信裝置的改良付出很多心血，不但電信裝置的發明，對電信技術的革新也涉及很深，但是在1870

年代一位實業家搜購電信組識而建立該產業的獨占體制，排斥技術革新。愛迪生受到這一重擊，不得不放棄在電信界的發展，另求生存之道。亦即，向另一範疇求發展，結果燈泡、發電機、留聲機、電影機等多種發明，就是他受了實業家獨占的重擊的刺激後之產品。

　　總之，我們在做日常的工作時不必創造性，但是當被迫須「思考不同的事」時，我們本身的態度就難免會成為障礙。這些態度就是「腦袋的僵化」。

　　要解開腦袋的僵化的方法，首先是，想要產生創意時，暫時把過去的記憶忘記。如果做不到時，進一步採取對腦袋做「重重的刺激」，如此應該可以暫時從固定化思考解放。

(4) 瞭解思考的障礙

　　我們為什麼不會更頻繁地去想某些不同的事像？其主要的理由有二。首先大部份的事情不需要創造力。從塔捷運，坐電梯到日常生活的雜務處理，都依習慣的方法處理。這些習慣也成為我們活動不可或缺的部份。如果不照習慣可能引起生活的紊亂，並且依照習慣性思考徑路辦事才能保持秩序。

　　第二個理由是，有時為了達成某種目的，不得不驅動創造力來想出新辦法。此時，自己本身的平時觀念往往就成為障礙，使得我們懶得去想某些不一樣的事像。

　　我們通常把自己的思考鎖在現況的框架，採取「如法泡製」的想法。這種態度在應付一般的事情尚無碍，但是想要創

造東西時可能是一大障礙。

創意性思考的障礙可以分成三大類：（1）腦袋的僵化，（2）環境的約束，（3）思維的保守。這三大類可以舉出如下各項目：

關於腦袋的僵化方面，

(a) 認為正解只有一個
(b) 認為那不合邏輯
(c) 希望不要做錯

關於環境的約束方面，

(a) 認為應遵循規則
(b) 認為應抱著專業知識
(c) 認為應考慮現實狀況

關於思維的保守方面，

(a) 認為應避免含含糊糊
(b) 認為遊閒是輕浮的
(c) 認為不要想無聊的事

如果無法擺脫上述障礙，則很難享受創造帶給我們的喜悅。

因此針對這些「思考的障礙」應逐項研討「解開的處方」，利用這些處方來激盪我們的創造力。茲將「思考的障礙」和「解開的處方」以對照表方式列表如下；

思考的障礙	解開的處方（創造力激盪）
(一) 腦袋的僵化 　(1) 正解只有一個 　(2) 那不合邏輯 　(3) 不要做錯	(一) 解開腦袋的僵化 　(1) 追求第二個正解 　(2) 不必事事有邏輯 　(3) 失誤中求安打
(二) 環境的約束 　(1) 應遵循規則 　(2) 抱著專業知識 　(3) 應考慮現況	(二) 跳出環境的約束 　(1) 突破規則 　(2) 挑戰非專業 　(3) 跳出現實性思考
(三) 思維的保守 　(1) 避免含糊 　(2) 遊間是輕浮 　(3) 不要想無聊事	(三) 利用逆向思維 　(1) 曖昧性思維 　(2) 遊戲中學習 　(3) 利用戲謔者

從下節開始我們將逐項敘述，障礙的內容及其解開的處方。

2 解開腦袋的僵化

(1) 追求第二個正解

(a)思考的見解

請在下面（圖3）五個圖形中請選出一個其特性與其他圖形不同者。

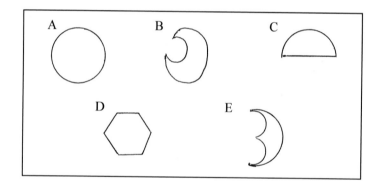

圖3

依目前的教育制度下，你選圖D時，恭喜！是正解。圖形D是唯一以直線構成的圖形。但是有人選圖形B。非對稱圖形只有B，所以B和其他不同。故也是正解。另有人說圖形A。因為它是唯一沒有不連續點的圖形，所以A也是正解。那麼圖形C如何？唯一以曲線和直線合成的圖形，所以C也是正解。最

後圖形E，很明顯是非優克力三角形對優克力空間的投影，也是唯一的特性，也是正解。

換言之，只要見解改變，都成為正解。

我們的教育制度把重點放在只有一個正解的教法。一個人到大學畢業為止，幾乎要接受數千次的測驗考試，其中大部份採取類似上例的測驗。所以我們的思考中深深地染上「唯一正解」的想法。當然在數學的問題，這是無可厚非的。但是人生很多事項並不能以數學方式處理，通常帶有含糊的地方，所以只要你想繼續進行求解，人生很多事項都有多項的正解。如果找到一個正解就自滿時，等於放棄繼續尋找其他解答的努力。

很多潛在的創意是隱藏在我們的周圍，但是必需靠自己發揮觀察力去發覺它。雖然我們的觀察力無法發揮百分之一百的效果，但是不必為此悲觀，只要其效果達到五十至七十％，甚至只達到十％，其效果仍對社會有貢獻。

例如，五金推銷員查爾斯、古特義在手上有一種巴西橡膠，一般人當橡皮擦使用，這材料遇冷變脆，遇熱融化，除了當橡皮擦，看來沒有什麼用途。但是古特義不死心，一直想試試看它還能做什麼用處。他把橡膠和各種化學品混合，始終沒有什麼成果。直到一八三九年，有一天他把橡膠和硫磺混合，不小心掉在火爐中。當他清潔爐子時，發現橡膠變硬了，卻仍有彈性。橡膠的意外硫化，變得又強韌又有彈性，其用途大大地提昇。今天從汽車輪胎到高爾夫球，都是拜「正解不止一個」的精神之賜。

(b)觀察的角度

有一位高中老師，在黑板上畫了小小的班點，問學生，這是什麼？經過數秒後有一位學生說：「在黑板上畫上的班點。」全班學生被這種當然的一句回答，鬆了一口氣，沒有其他的學生再提其他的看法。

老師說：「很奇怪！昨天在幼稚園向小朋友提出同樣問題，却得到數十種的回答。例如，鳥糞、咬過的口香糖、牆上的斑點、星星、雪茄的烟灰、小石頭、揉成一團的紙……，他們很活潑的啟動想像力。」

從幼稚園到高中的十年間，我們學習了求正解的方法，却失去了「一個正解」以外求答案的能力。亦即學會了如何抓住明確的方法，而失去了大部份的想像力。有人說：「小孩以疑問符號的姿勢上學，却以句點符號的姿勢畢業。」

美國心理學家李巴為了測試「腦袋的僵化」情形，利用圖4做了實驗。他先把被測驗者分為兩組，讓一組專看一些年青婦人的圖片（如圖4的A部份）。另一組就先讓他們看醜老太婆的圖片（如圖4的B部份）。結果，正如所料他們看到最後拿出的曖昧圖（如圖4的Y部份）時，沒有一個人看出它的「真像」。所以腦袋很容易根據經驗下判斷。一個人下了判斷後，往往就放了心再也不會去思考其他的可能性。由此我們就可以知道「腦袋僵化」的可怕。

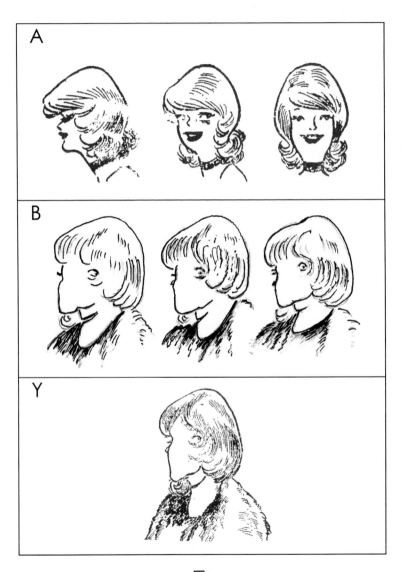

圖4

如何解開僵化呢！我們必需好好努力培養從不同角度去觀察事物的習慣，使腦筋活化，使它運用自如。

追求「一個正解」的習慣，對問題的想法或處理方法，有時會引起重大的影響。一般人不喜歡問題，發生問題時通常直接的反應是，採取最初發現的解決方案。

此法會帶來的危險性是再強調也不會過分的。只有一種創意時，只會採取相關的一連串行動。這種情形在，以柔軟性才是生存條件的社會中，是相當危險的。

創意如樂音。樂音應該跟其他樂音相關連（成為旋律或和音的一部份）來理解它，同理，創意也是應該與其他的創意相關連時最容易瞭解。換言之，單獨的創意沒有辦法做比較。也不能瞭解其優點和缺點。

法國的哲學家說了一句一針見血的話；「創意，如果是唯一的創意時，其危險性是無比的。」

(c)第二個正解

為了使別人（員工）發揮創造力的方法之一就是，「要求第二個的正解」。往往在解決問題的革新時，最恰當者是在主流之外，或在不普通的第二個正解。

要找到「第二個正解」的方法之一是，改變探討問題的質問方法。例如，以重複方式問一問「答案是什麼？」，「這表示什麼意義？」，「結果如何？」等尋問。發出這種質問的人所追求的是，解答、意義以及結果。只要你養成質問「可以想到幾個答案？」，「可以有幾種意義？」，「可以有

幾種結果？」時，員工會繼續去想多種不同的創意。

想要得到多種答案的另一方法是，改變質問的語句，例如，假如這樣時，會變為怎樣？或以笨拙的方法將問題從逆向質問，打破想像中的規則等等。

下面有一個問題，你的回答是什麼？

假如從A點到B點，塔捷運要45元，坐公車是30元。B點到C點塔捷運30元，坐公車是15元。如果有人問A點到C點來回，最省的方法是什麼？

此時，我們直覺的想法當然是以；「坐公車」回答。那麼我們採取再追問方式問，「這是唯一的答案嗎？」時，等於提醒你重新思考題意。因為題目只問，「最省的方法」沒有限制用什麼方法。既然如此，以徒步來回也是方法之一。所以另一個正解可以變為「以走路來回最省」。

總之，重點在追問「第二個正解」，因為不去追問就不可能找到另一正解。

啟發創造力Q&A

【問題】Q2（1）1

　　某甲雪中剛走到山中的小木屋，看到火柴盒只剩一支火柴棒。想要點著油燈、暖爐，然後使用瓦斯爐烤肉。那麼，首先應點著什麼？

【答案】請看本書附錄2　A2（1）1

【問題】Q2（1）2

　　兩個人跑百米競賽，A到終點時B只跑到九十米處。為了使A和B兩位能同時到終點，請A退後十米起跑。這種計畫是否出現如預想的結果呢？

【答案】請看本書附錄2　A2（1）2

(2) 不必事事有邏輯

(a)軟性和硬性思考

　　請準備一張白紙，中間畫上一條線，左上角寫上「軟性（soft）」，右上角寫上「硬性（hard）」。然後把下列例句以一般性概念，認為（或聯想為）是軟性者寫在軟性欄，認為（或聯想為）硬性者寫在硬性欄。以二分法分類雖然略為主觀，請以柔性和硬性的一般性感覺作答。

【例句】一般化、一貫性、大人、小孩、大概、工作、分
　　　折、幻想、正確、比喻、幽默、專業化、逆說、現
　　　實、理性、裁決、遊戲、集中、散漫、夢、精密、
　　　曖昧、邏輯、靈感。

　　上述例句如果大家照一般性概念分類時，可能分類成
如下：

軟性：一般化、小孩、大概、幻想、比喻、幽默、逆說、遊
　　　戲、散漫、夢、曖昧、靈感。

硬性：一貫性、大人、工作、分析、正確、專業化、現實、理
　　　性、裁決、集中、精密、邏輯。

　　從此結果得知，在硬性方面，除完全正確的答案外也有
模稜兩可的答案，軟性方面亦然。也許有人會說，硬性者是黑
白分明的世界，軟性者是灰色的世界。或說，硬性者是如金幣
可掌握的，軟性者是如一掬水很難抓住。

　　常用軟性思考的人可能提出；「假如卓腳的彎曲方式改
為逆向時，家具會變成怎樣？」。那麼硬性思考的人可能提
出；「為了使這種新系列的椅子的利潤率極大化，應採用何種
材料來製造？」。

　　軟性思考者在性格上具備上述軟性欄的各種特質，如比
喻的、大概的、散漫的、富於幽默的、有遊閒心、可以處理矛
盾等，是在找事物之間的類似性和關連性。

　　硬性思考者，相反的在性格上，是更邏輯的、精密的、
正確的、專業的、一貫性的，是注意力集中在其差異性。

所以，軟性和硬性思考的應用，在創造的過程中應有不同的考慮。因此，讓我們回頭看看創意的產生過程。

創意的產生有二個主要階段，孕育階段和執行階段。

在孕育階段，如前述創意依需求從記憶找出資訊，經過推敲、去蕪存菁、試做，完成需要的事物。在執行階段創意要評估後付諸執行。以生物學來比喻時，孕育階段是新的創意開始抽芽，而在執行階段開始收成。

上述軟性和硬性思考在創意過程都扮演重要的角色，但是不同階段仍有差別。軟性思考在搜求新的創意，做整體性考量，以及玩弄問題的孕育（混、化、生）階段是非常有效果。

另一方面，創意在執行前要評估，把焦點集中在現實的解決方案，分析危險度以及準備將創意付諸實施等，故應採用硬性思考。

創意產生過程需要兩種思考方式，如以陶匠製造壺的過程來說明就可以明瞭。曾處理過粘土的人都知道，粘土有某種程度的軟度時很容易造形、脫模、放在陶工的旋盤上。同樣的，壺形成後沒有經過窯燒，事實上是沒有價值的。所以軟性和硬性因素的雙方，在不同階段有其必要性。

軟性思考和硬性思考各有其強處和弱處。因此要瞭解其不適合的時期才是重點。在執行階段採用軟性思考可能妨礙創意的實施。在此階段當然比曖昧或夢想更需要堅強而率直的手段。相反地，在孕育階段，如採取硬性思考，可能限制創意過程。邏輯或分析固然是重要的手段，但是太偏重這些時，尤其是創造過程的初步階段，恐怕會過早縮小思考的範圍。

(b)比喻的社會

傳統上邏輯的第一，而且是最高原則，是沒有矛盾的法則。邏輯只理解具有一貫而沒有矛盾性格的東西。但是，人類的生活中，音樂、繪畫、料理等的能力，很難以邏輯性方法表達。加之，人生的大部份是曖昧的，而且缺乏一貫性或矛盾就是人類存在的特徵，人生能夠以邏輯來思考的事物是有限的，所以太強調邏輯性手法，可能抑制探求心。

但是一部份的人，相當排斥採用軟性思考。這些人一旦面對問題時，則採取「那是不合邏輯」的看法，立刻採取硬性思考的反應。

我們的教育制度，在伸展硬性思考方面有相當的成果，但是對於伸展關連性思考則沒有幫助。事實上我們的教育在排斥軟性思考，甚至有一種傾向，認為是次要的手段。人類的智性既然如此複雜，但是教育使人認為只有依據邏輯和分析才是智性。

「那不合邏輯」這種僵化的態度，從過去我們為瞭解精神作用時所採用的比喻，可看出一斑。我們為邏輯化，勉強以該時代的技術程度相關聯的事項來比喻。

例如，十七世紀認為心和鏡子或鏡片相似，十九世紀末到二十世紀則認為和蒸氣鍋爐的壓縮室的活動相似。二十世紀初期有人認為腦的運作和回路繼電器所構成的龐大電話交換組織相似。

近年電腦的出現，則有了新的精神模型（比喻）。這模型有助於將我們的思考，從幾種層面來說明。例如，「輸

入」「輸出」以及「資訊處理」。進一步出現「回饋」「程式」以及「貯存」等來比喻腦的運作。以這些作為來比喻本身無可厚非,但是使一部份的人陷入照字句接受,認為心就是電腦。其結果認為軟性思考是「不合邏輯」而排斥就失去比喻的意義。

我們應該注意,心不只是處理資訊的「電腦」,是貯存經驗的博物館,是遊戲的公園,可鍛鍊的筋肉,組合思考的作業場,以及藏有眾多東西的地方。所以,要塑造心的比喻(模型),有很多正當的方法,要看大家把重點放在何處。

為了排除硬性思考過剩引起對創意僵化的危險性,在此介紹一些軟性思考的手段之一「猜迷」。請猜一猜下列各種短句的共同點是什麼?

財務的守門狗

時間的流失

食物的連鎖

道德的破產

……

……

除了其他各種共同點外,這些句子都是比喻性的。都是對二個異質意義的世界,以某種類似點予以結合。以比喻方式讓我們用其他概念來瞭解它。例如,財務關係的職務的性質,以守門狗來比喻,幫助我們瞭解(兩者都是看守)。時間的經過以水流來比喻。把生物界糧食的產出的互相關係以鎖

鏈的關係來比喻（連結起來）。把道德視為一個人擁有的資產，如喪失道德等於個人已面臨破產來比喻。

比喻性思考的關鍵是類似點。事實上我們的思考就是以此法求發展。將未知的東西，利用既知的東西的類似點為線索來理解。例如，最初汽車如何稱呼呢？就是稱為「沒有馬的車」。在台灣腳踏車至今仍以「鐵馬」稱呼。我們通常都是以東西間的類似點為依據來表達。桌子給予「腳」，電腦出現後有人把腦袋稱為「儲存資訊的磁碟」。這些都是以軟性思考來處理它。

我們的語言有的比喻性非常濃厚，由於過分的比喻，使得我們已無感覺。很多活動各有其表達的一群比喻。例如「人生的遊戲」等的比喻。其中財務部門的人使用的名詞尤為精彩，我們跟銀行家、會計師討論工作時，好像與配管工人在談話，因為他們在說明工作時，談「資金的流徑模型」的用詞，其比喻真是維妙維肖。例如；

Laundered Money	洗過的錢（偽裝出處不正當的資金）
Liquid Assets	流動資產
Solvency	溶解力（償還能力）
Deposits	堆積物（銀行存款）
Frozen Assets	凍結資產
Bank	提壩（銀行）
Currency	流通（通貨）
Cash Flow	資金的流徑

| Sinking Fund | 沈滯資金（減債資金） |
| Underwater Pricing | 水面下的價格（不敷成本） |

(c)比喻的好處

人類的感覺器系統中較高層次者是視覺，視覺在心理學的研究也較進步，且影響思考方面也多。心理學上認為視覺發達的動物在地球上較為繁榮，人類日常生活所利用的資訊的九成是視覺系列。因此從古，色彩心理對人類影響的研究很發達，例如牛頓的光學色彩論和歌德的色彩論各有不同主張。在此不做詳述，只探討色彩的比喻，在我們生活上的影響。

通常我們以紅色表達，鮮血、西班牙鬥牛場、或熱血沸騰等。相反地，要表達森林般寧靜時，則利用綠色。在醫療上也積極應用，例如在手術室過去用白布或白衣表示清潔，也改用綠色。所以有人說，在服裝界，景氣時暖色系列占的分量多，景氣不好時流行寒色系列。當然我們也可以利用此種現象，以暖色系列來改變不景氣的早日消退。

比喻被應用作為使別人理解複雜的概念時，是一種非常有效的手段。可以對專業外的人說明創意時使用。例如，立體音響（Dolby stereo）在FM收音機，電影的愛好家之間是常聽的名詞，但是一般人不了解詳細。有一位工程師對dolby的比喻說；「dolby如對聲音洗滌。在不損害衣類（信號）下，從衣類（信號）洗去汙垢（雜音）。」另一位工程師聽了此類說明後，認同dolby有「洗滌」作用。

　　總之，邏輯是創意思考的重要工具，在評估創意，準備開始實行創意過程的執行階段，尤其是應採用它。

　　但是當在搜求創意時，如果太偏重邏輯性思考，可能使創意過程發生「短路」。支配孕育階段的就是另類的邏輯，它可以說是比喻性、空想性、散漫性等含糊性。

啟發創造力Q&A

【問題】Q2（2）1

　　橡皮擦是要擦錯字用的，但是如果把下面框內的甲、乙、丙三個字中的乙字，用橡皮擦擦九秒左右時，框內會出現原來沒有的東西是什麼？

甲	乙	丙

【答案】請看本書附錄2　A2（2）1

(3) 失誤中求安打

(a)創業是錯誤的結晶

　　當年美國即將產生棒球史安打次數打破三千次的選手時，前一周開始，記者們就注意該選手的一舉一動。有一天一位記者問該選手；「在這麼多人注目下，會不會怯場，會不會

感到不安？」，該選手回答：「我是這樣想。我站在打擊疊一萬次以上。換句話，有七千多次的失誤。只要如此想就沒有什麼使我怯場。」

今（2013）年8月美國大聯盟棒球史上日籍鈴木一郎達成四千次安打的記錄時，他說出的感想也是「這是累積了八千次失誤的成果」。

通常成功和失敗是正反的事情，但是實際上是兩者都是一樣過程的結果。正如該選手所說，產生安打的行動也是會產生失誤。創造活動亦然，產生優異的獨創性創意的精力也會產生失敗。

但是一般的人對錯誤會感到難為情。以信仰「正解」為基礎的目前教育制度，把我們的思考力再一次推向更保守的方向。我們的學校教育，在升學制度和家長觀念的雙重壓力下，只鼓勵孩子專心念書，考上明星學校。在這樣的教育環境下，所謂「優秀」就是學習如何避免錯誤。結果我們的社會設計成為，如何避免被蓋上「失敗」的烙印，成為保守性的思考形態。

很多大學、研究所畢業的學生，在這種教育制度下出去社會，不敢嘗試失敗。他們都認為，與其把失敗視為向創意的潛在性跳板，寧可鎖在認為錯誤是一種罪惡的觀念中。

我們的周圍，很多中階管理職、家庭主婦、政治人物、教師為避免失敗，不去嘗試新的事情，或在別人面前避免犯錯。其結果，喪失了很多學習的機會。這是台灣慢慢失去競爭力的根本原因之一。

　　從實踐性觀點看，「不宜犯錯誤」是應該的。為了在日常社會中生存，不得不正確處理幾千種的雜務。請想一想，在交通頻繁的道路突然跳出，或碰觸高壓電的設備，可能無法保護生命。再者，如設計的大樓塌下，或使顧客受損的股票經紀人，都難免走失業之路。

　　但是太執著「不宜犯錯」的信仰，將招致嘗試新創意產生的崩潰。比創造性創意更注意追求正確時，大家不會去批評規則、方式以及程序。至此，會跳過創造性過程的孕育階段，不再把時間花在，重洗前提、挑戰規則，也不會提出假如這樣會如何等質疑或玩弄問題。這些方法都可能產生不正確的答案，在孕育階段錯誤是創造性思考的必然副產品。想要打出安打，應有打出失誤球的心理準備，這是人生遊戲的過程。

　　美國很多高科技創業公司都是錯誤的結晶。他們鼓勵員工發想瘋狂點子，做出堪用的陽春產品，迅速推到市場，視市場的反應修改後再丟向市場。這樣反覆幾輪，養成大量販賣的產品。

　　這些公司的經營環境是「快速行動，打破現況」，「把東西做出來，勝過把東西做完美」。這些公司的經營頻頻犯錯，會令人傻眼。如谷哥（Google）也推出失敗產品。失敗計畫的負責人沒有被開除，反而得到讚賞。老闆對他說：「很高與你犯了這個錯，我希望公司走的太快，做的太多，而不是太過謹慎，做得太少。」

(b)錯誤是跳板

　　一個人對自己的能力沒有某種程度的確信是無法達成重要的工作。但是如被自己不會犯錯誤的信念套住時，一旦涉及創意人自己認為最有自信的事象時，會陷入死胡同，也會固執自己的想法。

　　所以，有時不得不遵循，自信和懷疑，躊躇和不妥協，軟性和硬性之間的中庸。

　　發生錯誤時大部份的人的反應為「糟了，又錯了。這次錯在那裡呢？」。但是創造性的人大概會注意錯誤的潛在性價值，然後認為「這很驚奇！從這些能想到什麼呢？」。這是人類以錯誤為跳板，設法接近新的創意。實際上，在發現史或發明史很多案例是把錯誤的假定或失敗作跳板到達新的創意。哥倫布為探求到印度的縮短航路而出發。德國天文學家克卜勒以錯誤的理由，正確的假設碰到惑星間的引力概念。愛迪生知道約一千八百種方法不能做出燈泡。

　　《夢想學校》創辦人王文華在報上發表《很高興你犯了這個錯》一文，文中對當年畢業生做了忠告略以：「到了畢業季，二十八歲的臉書公司創辦人祖克柏沒有畢業，他的上市裁了大筋斗，也許對一帆風順的天才，是最『讚』的一件事。反觀台灣，大部份年輕的畢業生，一輩子不會犯祖克柏的大錯。我們的師長為此高興嗎？在畢業典禮上，我們真的能心安理得地說，只要抱持考高分的精神和技巧繼續努力就會『鵬程萬里』？

　　也許今年應該換個台詞對畢業生說：『很高興你犯這個錯』，因為當他們狠狠摔倒的那天，才是他們真正畢業的一天。」

　　鼓勵「以錯誤為跳板」向前邁進的雋語不少。下面是其中的佳作。

- 人生難免有錯，關鍵是錯了以後這麼辦。
- 從未犯過錯誤的人，也從未有所發現。
- 只要不放棄嘗試，你就永遠不算失敗。
- 如果你從不犯錯誤，便只會一事無成。
- 能從錯誤汲取教訓總是好事，因為那樣錯得才有價值。
- 不要把錯誤以錯誤結案。

(c)錯誤教我們轉向

　　錯誤還有一種效用，教我們轉向的必要性。當我們一切順利時，不會想到轉向的必要性。其理由為通常我們係根據肯定性反應去行動。會引起我們注意的是物或人不能達成其任務時。例如，大家大概不會去注意自己的膝蓋的事，因為膝蓋未發生任何毛病。但是當腳部發生風濕病時，我們會感覺到一直認為理所當然的情形，已不能照舊做到。

　　否定性反應表示，現在的方法已不適用，不得不想出新的方法。我們應該從試行錯誤中學習，而不是從試行和正確中學習。假如我們經常正確地做，就沒有轉變方向的必要性，只順著目前的途徑，走到沒有變化的終結。

　　例如1978年春天在古利達尼半島海邊運油輪受損，數十萬噸的原油污染沿岸。此後關於石油運輸的安全規則有了很

大的改變。日本在福島原子炉事故後，很多程序和安全規章
有了更改。

　　我們在失敗中學習。人類被失敗打擊後才會有不同的想法。

　　任何活動，錯誤的比率是對該活動的熟悉度的函數。假
如大家從事的工作是日常性工作，只要正確處理的確率高，則
幾乎不可能犯錯。但是從事沒有經驗的工作，或以不同方法去
試行辦事，當然會犯錯。有志做革新的人，雖然不可能打出千
支安打，但是有可能打出新的創意。

　　某廣告代理商的獨創性職員說：「至少要有半數的失敗
才能滿足」，他的意思是想要獨創，錯誤自然會增多。某電腦
公司的總經種對員工說：「我們在嘗試新的事情，在做別人未
做過的事情。因此在犯錯。」我的忠告是：「犯錯吧！但是要
儘快犯。」

　　銀行界對於放款要求全額能收回，表示他們對市場缺乏
積極性的鐵證。

　　IBM的創辦人華德遜也說：「為了成功，要使失敗率加
倍。失敗至少在表示我們在脫離主流，而在嘗試新的方向。」

　　榮獲諾貝爾獎的日人田中耕一，在島津製作所服務時，
有一次為了做蛋白質分析的測量方法研究，在混合實驗物料
時，誤用材料，使該物料沒有辦法做原來的實驗。他認為把混
合錯誤的物料丟棄太可惜。索性對應丟棄的物料也做測量試
驗，並認真分析試驗結果，因而發現新的測重方法。

　　有人說：「得到的啟示（hint），要活用或默殺，在你自己的一念之間。」，我們也可以說，碰到錯誤如何轉向，在自己的一念之間。

　　自然是在試行錯誤中變化的佳例。常常聽到遺傳學的突變——遺傳子再生的失敗。通常這些突變對種子有不利的影響，並從遺傳子的大缸脫落，但是偶而突變的種子也帶來恩惠，其變化會傳到子孫。任何種子的豐富的變異，在此種試行錯誤的過程發生。最初的阿米巴（Amoeba）以來，假如沒有突變，人類不知在那裡？

　　被譽為台灣虱目魚之父的傑出漁民林烈堂，在2004年7月初發表討喜顏色的黃金色虱目魚苗，一改大家對虱目魚的刻板印象。他前後做了四十多年養殖研究，他說；黃金色虱目魚的突變品種，出現率約百萬分之一。十幾年前發現時，如獲至寶，經多年蒐集資料研發，努力穩定新品種的基因和存活率，才正式發表。因此國內外訂購魚苗踴躍，為台灣海水養殖業帶來新商機。

　　總之，雖然錯誤有時不是有益，但是在創造過程的孕育階段應不屬於那種情形。錯誤是脫離了只走被踩平的道路的證據。沒有偶而發生的錯誤，則表示並不在革新。

啓發創造力Q&A

【問類】Q2（3）1

　　下圖中粗框的盒子裡放著刻有○印和△印同形而大小相同的卡片。這些卡片不能從盒子取出，但是可以在空檔的地方上下左右自由滑動。是否能把三張○印和△印的位置完全倒反過來。中間有一格空檔，但是卡片不能跳越移動，也不能破壞盒子。請在條件許可範圍內思考。

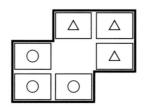

【答案】請看本書附錄2　A2（3）1

3 跳出環境的約束

(1) 突破規則

(a)規則的形成

假如大家在客廳聊天，有人進來時碰倒排在客廳的椅子，然後扶起椅子表示歉意。大家對此人的印象可能認為此人毛毛草草。

那麼，十分鐘後又來一位朋友，也碰倒該椅子。二十分鐘後舊戲重演。此時大家如何想呢？可能開始認為椅子放置的位置不對應予以檢討。恭喜大家感覺到「模式」的問題。大家可能將此放置模式予以一般化，形成一個規則。

茲有下到一串形數字：

　　(a) 1 4 7 10 13 16

　　(b) 1 4 9 16 25 36

我們會猜一猜有無規則（pattern），第(a)串數字很容易猜到，以1開始，其後逐步加3所得之數值。第(b)串數字比較複雜，各數字以排列的次序數字予以2乘方，例如排列次序為2時，其2乘方為4，次序為3時，其2乘方為9，以此類推。找到模式後，一串數字後可預測，在第(a)串後面要放19、21等，在第(b)串後面要放49、64等。依此大家可把自己承認的模式

定了一個規則

　　人類通常很巧妙地從事象中抓住一種模式後訂出一種規則。事實上所謂「知能」的大部份可能是找出規則的理解力。我們把順序（穿著的順序），周期（候鳥的移動），傾向（服務員的態度），分佈（人口的構成），動向（交通量），文化的禮節（結婚的形式）以及或然率（賭機出七的可能性）等等都予以規則化。

　　人類甚至對幾乎不可能的地方也想找去規則。例如夜晚天空的星座，古代人看著天空找到了幾穎星星予以勉強連結，對幾乎無意義的模樣予以有意義化。例如天文學家按照恆星的分佈劃成很多區域，每一個區域是一個星座，把星座中的主星（比較明顯的星）和周圍其他星星連起來時，所構成的不同形態的圖形給了名字，如雄獅、蠍子、女神、往銀河中倒水的瓶子等等。

　　如此，規則對我們理解現象世界有了助力，但是結果却支配我們的思考，成為我們扮演人生遊戲的規則。

(b)挑戰規則

　　畢加索說：「創造行為，首先應從破壞行為開始。」

　　例如要創造新的創意，只指模式（pattern）的組合時，大家都成為創造性天才。創造性思考不但是「建設性的」也是「破壞性的」。創造性思考也有玩弄知識的一面，這是表示，因為要造出新的模式，需要從老的模式衝出。有效的創造性思考是要以革命家的心態向規則挑戰。

　　例如，紀元前333年冬季，巴爾幹半島南部的一位將軍亞歷山大和其軍隊遠征亞洲的都市，開始佈置冬季的戰線。在駐屯地聽了預言家說，能解開「高爾地斯的繩結」者就能稱霸亞洲。他對此預言很感興趣，囑人帶去一見繩結。經過數秒的觀察後，未能看出繩子的起端，在猶疑一會兒後，自問「只有自己訂出解開繩結的規則才能達成」，就拿起佩劍一刀切斷繩結。亞洲也成為他的囊中物。

　　一般的手錶戴在左手，是為了右手寫字的人的方便而設計，所以調整時刻或上發條用的「龍頭」是在手錶的右邊三點鐘所指的地方。但是對習慣用左手寫字的「左撇子」，手錶戴在右手時，「龍頭」的位置用起來相當不方便。有一位左撇子顧客建議鐘錶製造公司製造「龍頭」改在九點鐘所指的位子的手錶。該公司的技術人員認為，需大幅改變製造設備，所以如果訂購十萬只才可以考慮。該要求當然被擱置。但是後來另一位技術人員提出，只要把手錶的文字盤轉動180度就可以滿足顧客的要求。

　　波蘭的天文學家哥白尼否認地球為宇宙的中心的學說，拿波倫突破正規的軍事作戰規則，貝多芬打破正統的交響樂的作曲方法。在在顯示藝術、技術、事業、行銷、料理、醫學以及設計的進步，都在有人挑戰規則，試行新的方法時發生。

　　革新性的人不斷地挑戰規則。假如一個公司五年後，他們仍遵守相同的規則，可以想像得到，該公司沒有進步。

　　有一位製造商，把下面富於哲學性的標語作為公司的理念。

> Every rule here can be broken，except this one。
> 本公司的規則都可以去打破它，但是本規則不得破壞。

除了上述哲學性標語的理念外，也有很通俗的佳句，鼓勵我們挑戰規則，例如；

- 打破成規，新世界才能出現。
- 發明往往是，違指示、捨正途、嘗試前人所未試而後成功的。
- 成功是不斷變通常識的結果，不是倚恃天才的結局。
- 在商場中，昨日成功的要訣，往往是明日引起困難的原因。

(c)不必遵守的規則

要扮演革命家的角色是言易行難的。某公司總經理感嘆地說，要員工挑戰規則是最難的一件事，並點破關鍵所在。他認為大部份的問題或狀況，如果規則可以放任大家去玩弄時，為什麼一直會套牢在既有的規則呢？

主要的理由之一為，我們的文化有一股很強的壓力，要大家遵守規則。這種價值理念，從小孩時代初期就被教導的。我們耳濡目染的被教導，「顏色不要塗出線的外側」，「獅子如果塗成黑色就很怪」。我們古板的教育制度像一條鐵軌，堅固地舖在升學的路面上，我們不得不順著這個方向走。那些有想法，希望走出一條與眾不同的路的人，就像是脫了軌的故障列車，受人遺棄或質疑。我們的教育制度在獎勵遵守規則，學生寧可只說出既有的資訊，也不願意化腦筋去玩弄

創意或思考獨創性的用途，因為前者才能得到獎勵。通常遵守規則比挑戰它更輕鬆。

從現實的觀點看，那是無可厚非，為了在社會生存我們要遵守各種規則。但是當我們想要產生新的創意時，「遵從規則」這種價值理念，不但會使腦力僵化，也要求我們「接受事物的現存狀況」。

挑戰規則是創造性思考的卓越戰略，不但如此，假如完全不向規則挑戰時，至少有二種潛在性的危險存在。其一為，被蒙在一種定型的處置方法。雖然有其他更適當的方法，也不會去嘗試。其結果，此種人會把問題照此唯一的方法調整解決的方向。

另一理由為，有時我們一直在遵循已失去意義的規則，這些現象稱為：「打字機鍵盤現象」。該現象如次；

a 我們依據好像有道理的理由訂出規則，

b 我們遵循這些規則，

c 時間經過，情況已變化，

d 產生這些規則的當初理由已不存在，但是我們仍舊在遵循它。

請看下列文字的排列，你可以猜到什麼？

QWERTYUIOP

有英文打字經驗的人，一定會看到的，是英文打字機鍵盤的最上排的字母。通常稱為QWERTY排列。其形成是經過如下的有趣故事。

在1870年代，當時代表性打字機製造商，接到使用者訴苦說，打的快時字鍵棒會「互卡」。為改善上述情形，廠商的技術人員著手檢討，討論甚久，未能獲得良策，後來有人提出，讓使用者無法打的很快就不會「互卡」呀！因此大家向如何使鍵盤的排列「非效率化」著手研究。例如「O」和「I」各在英文26字中使用率第三和第六，就把它放在無名指和小指觸按的地方。這種邏輯就被全面採用於鍵盤的排列。這種「優異」的創意解決了問題。

至今，打字機，文書編輯機（Word processor）的技術在突飛猛進，已出現比人工快了很多的打字機，雖然可以用更有效率的排法，但是仍舊使用QWERTY排列法。這案例就是，規則一旦形成，形成當時的理由已不存在，但是不容易廢止。

日本某高級服裝店，把廉價採購的和服腰帶，作為促銷品掛在店面玻璃大櫥櫃。但是雖然標價格外低廉，仍無人問及。經過一、二個月，眼看換季將屆。焦急的店長認為，既無法售出，乾脆把標價加倍排出。第二天，有客人問價，把該腰帶買走。

人心是很有趣的，尤其是女性的虛榮心。廉價的腰帶看了就不起眼，而認為高價者才有價值，對女性而言買廉價的腰帶有一點恥辱感。高價的腰帶可以大大方方的購買，用起來則能使情緒高昂。

這是「價錢的魔術」，亦即售價的決定可以不照成本加合理利潤的原則來決定。商場上有時能巧妙的應用這種反規則的方法反而能使業務繁榮，卻使魅上「價錢的魔術」的消費

者「身亡」。飛機場的免稅店也是玩弄「價錢的魔術」的賣場，在那裡瘋逛的搶購應三思而行呢！

　　總之，創造性思考不但是建設性，也是破壞性，為了找出新的模式（pattern），通常不得不從原來的模式跳出。因此，配合變化對規則應採取柔軟的態度，但是打破規則不一定就是引導到創意性的思考，不過是其中之一條路而已。如果停滯在同條路可能會走入死胡同。不要忘記很多規則比它想要規範的目的更長命。

啟發創造力Q&A

【問題】Q3（1）1

　　我們常利用下圖方式決定獎品的分配。依目前情形，甲可以分配到鋼筆，丁可以分配到手機。甲還有一次機會畫一條橫線。他想得到手機，而讓丁分配到鋼筆。請問這條線應該怎麼畫。但是有一條件，這條橫線只能在相鄰的兩條直線間，和其他橫線平行。

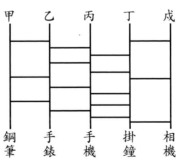

【答案】請看本書附錄2　A3（1）1

【問題】Q3（1）2

下圖白棋子排成每三個可以連成橫的或斜的三列。如果只能移動一個使其排列為可以連成四列，應如何移。

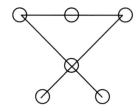

【答案】請看本書附錄2　A3（1）2

(2) 挑戰非專業

(a)專業的優劣點

某太陽能實驗室的技術人員，為了製造電池需切割電池素材的薄片，但是再怎麼改變鋸子的角度也會破壞素材。

有一天周末，正好遇到她的先生在工房修櫥門，技術人員發現她的先生在鋸木材時，為了正確鋸好，慢慢的動鋸齒（不要快）。這動作給她啟示，她用同樣的方法試鋸化學素材，則一試就成功。

這位女士的行為是創造性思考的重要的一部份。就是從某種狀況獲知的基本性創意（特質），應用於其他的狀況。從某一範疇獲得之知識轉用於其他的範疇，是我們應充分利用的方法。

一個答案是專業化的，在資訊管理的理念上專業化是不可或缺的。社會上發生太多的事情，我們不可能事事都給予注意，也幾乎不可能做得到。因此專業化的功能之一就是，把包圍我們的沒有關係而不值得涉及的資訊，盡量減少。

同理，在處世的另一理念中，專業化是不可或缺的。任何嘗試——事業、學問……料理，為了發揮實力，要專注於某事業領域，把它精通。例如，律師分為精通於民事或刑事案件，民事案件又可再細分。

當事項越複雜，隔著專業的牆會越高。社會也出現知道越狹窄而越專精的人。

但是專業化對創造性思考而言是危險的，會引起「那是我的專業外」的態度。採取這種態度的人，可相處的問題不但範圍狹窄，連自己專業範疇中搜求創意的意願也會喪失。

我們常聽到「那是工業技術問題」「那是會計的問題」或「那是行銷的問題」等發言。實際上很少屬於純粹的工業技術問題，通常是跨在工業技術和製造兩方面的問題。其他的情形亦然。但是認為「那是我的專業外」的人，不會把問題，從更廣泛的觀念去處理。

下面是持有這種態度帶來的結果之一案例。

某製造公司使用的電子回路是外包的。目前該電子回路的來源只由一家供應，如來源發生問是時，公司的整個機能會停頓。顧問公司鑒於此，積極替該公司另找來源，但是工作進行的不順利。最後把查詢的層次降到基層，才知道設計師所以

選該電子回路的原因為，目前使用的回路的顏色，與公司自製
的回路盤的顏色很調和而已，至於這種選擇對公司的生產等其
他方面的影響並不在其考慮之中。這種視野之狹窄，妨礙了他
們對很多潛在性問題的考慮。

(b)跨界求知

企業界分部門辦公，其中共同的特徵為，每一部門都認為
自己的文化最有創造性，自己的人擁有產生新的創意的獨特妙
方，這是可喜的現象。團結心有助於產生優越的工作環境，但
是硬體相關部門的人，應可以從軟體相關部門的人學習很多東
西。研究開發部門也可以從行銷部門獲得若干的創意。

很多優秀的創意，往往是越過專業的界線，從其他的範
疇取得新的創意和疑問。藝術、業務、技術以及科學的重要進
步，很多是由於創意的交配帶來的。從此種理論推展，越是把
外部的創意排斥，越容易使該部門走入沈淪之路。

下面介紹幾則創意人在本業外創造出著名的發明或創新
的案例。

富蘭克林是電氣科學的先驅，美國獨立憲法的起草人之
一，更是十八世紀最著名的文學家之一。他證明閃電就是電，
不是神的憤怒，他發明避雷針，讓人類避免雷擊的危險。

英國的邱吉爾首相獲得諾貝爾文學獎，但是從他的經歷
誰也不會想到他是一位文學家。

下面再介紹體悟某一範疇的創意後，應用於其他範疇的
案例；

　　某航空宇宙部長說；「我幾年前開始對自己家或朋友家設計或營造庭園式瀑布產生興趣。不知什麼原因，自從設計瀑布後，對於作為管理者有了成長。雖然「流」「動」以及「震動」等，都很難用語言表現，但是這些狀況幫助我有更貼近的體悟，關於人與人之間的意思疏通的不可或缺的概念。」

　　某房地產關係的企業家說；「他到史旦福大學的經營學研究所參加培養企業家的課程。其方法與眾略異，除了行銷、金融、會計等必修課外，由藝術家講授素描的課程。該藝術家說；『任何藝術是從最初的線一連串的復元，最難者是開始描出最初的線。但是這是必須做的』。對事業而言也是如此，應要起而行動。企管系出身的人才，大部份停在分析工作，不踏入行動之路。他們應上素描課程。」

(c)利用非專業

請回答下列問題；

> 創意在那裡找？要獲得新創意應利用什麼人物、場所、活動、狀況？

下面是回答上述問題的若干例子。

【玩弄鐵線】

　　葉芳誌在不到二十歲時，用鐵線做「豆豆」玩偶給上幼稚園的兒子當玩具，在小孩圈引起轟動，其他小孩也吵著要，後

來幼稚園竟向他下訂單製作。如此啟動他鐵線藝術的創作，作品以科幻、機械獸為主，大型者可賣到二三千元，供不應求。他的鐵線纏繞功夫越來越精，可以在現場以顧客名字為主題，扭出鑰匙圈或手機吊飾。後來在台北市美麗華飯店有固定店面展售作品，並應政府文化局等單位之邀請表演絕活。

【魔術】

由於研究魔術並實際表演後，我學到某些標記（symbol）被賦予互相關連時所發揮的力道。我把這些知識應用於推銷產品的宣傳上。

【逛街】

涂威傑在2005年間，尚就讀紐約某藝術學院設計系研究生時，設計一隻充滿狂想趣味的可調高度的高跟鞋，讓他受到紐約時報的注意和報導。

這種創意的起因是，他和太太在逛街時，太太抱怨買不到適當高度的高跟鞋，希望他研發一隻能依各種場合調高度，穿上它整天也不必為換鞋子而煩惱。這句玩笑話引發他的創造心，設計出一隻輕輕按鈕可選六種不同高度的高跟鞋。

【古物處理場】

到古物處理場參觀，使人從醉中清醒。我們可以看到，我們所想要的東西的大部份的終極的命運。

【異質的人】

我喜歡跟價值觀和我本人的價值觀不同的人相處。想知道對他們什麼事物很重要，如此對自己能以更廣泛的視野抓住什麼事物才是重要。

【做家事】

目前在食品店排放的「嬰兒用食品」是美國嘉寶氏接受醫生的指示對孫子餵食流動食物得到的啟示。當時嘉寶每天必需料理少量的野菜予以弄碎滲漉後使用。他想為何不能大規模的生產呢？後來他想出食品製造業，成為嬰兒的偉大朋友，也是他們的恩人。

【跳蚤市場】

跳蚤市場是自由企業的最後的前哨地點。想要瞭解自由經濟是什麼東西，請到跳蚤市場。可以知道人家對東西認定的價值。

【舊科學雜誌】

我閱讀了二十世紀初期的舊通俗科學雜誌得到創意。當時的提案有很多優秀的創意，但是因為無法得到素材而未實用化。現在可以獲得把它實用化的素材。

【歷史】

歷史充滿創意。拿破崙的莫斯哥遠征，就是實際的計畫管理。毛澤東的游擊戰，可以說是廣告競賽的實施。

　　總之，專業化是人生的現實。為了在社會生存不得不收縮焦點，限制視界。但是想要產生創意時，把資訊以此種態度處理，會限制創造力。不但縮小可相處的問題的範圍，也妨礙踏入專業外範疇搜求創意的努力。

　　為了抵抗太專業化，我們可以聆聽愛迪生給同伴的忠告：「應養成隨時注意別人所用的，成功的、嶄新的、有趣的創意的習慣。你的創意，只要對你處理中的問題可應用，而是獨創性就好。」

【問題】Q3（2）1

　　在此有四個木箱，各存放金條四塊。金條的形狀和大小都一樣。其中三箱是真品，有一箱是假貨。真品一塊為1000公克，假貨一塊為998公克。能否使用一次稱秤就找出假貨，但是稱秤一次不能超過六塊。

【答案】請看本書附錄2　A3（2）1

(3) 跳出現實性思考

(a)人類思考的特色

　　人類在事物的秩序中占特別的一席。因為我們有能力把經驗象徵化，所以我們思考不受現實和現在的限制。有此種能

力的幫助，我們擁有下列二大思考特色。

我們可以預想未來。

例如可自問：「明天會下雨嗎？如是，旅遊要不要取消？做什麼準備？」，因為在思考這種可能性，所以要做未來的計畫。

我們的思考不受現實世界約束的限制。

我們可以產生跟經驗的世界沒有關連的創意。這種可能性的世界，可視為「孕育期的苗床」。為了耕耘此苗床，有很多軟性思考的工具可供使用，例如（1）假如這樣時，會如何？的「假如式追問」，和（2）利用跳板的「跳躍式思考」二種工具。跳板並不是作為實施的對象，是從它開始思考，實際上有的獨創性創意是跳過一二個「跳板」才達成。

為了創造性創意為什麼大家不願多採用，「假如式追問」或「跳躍式思考」的思考法，其理由可提出三個。

第一為，一般的人隨著年齡的增長，越被熟悉的世界包圍，習慣於「目前的環境」而忘記使用「假如這樣時，會如何？」的追問。

第二為，這些工具，在性質上能產生獨創性創意的確率並不高。

第三為，我們未受過這種訓練。

毛巾除了洗臉、洗澡外，就是喪事時的謝禮品，很難想出其他用途。因此過去業者只在毛巾的花色求變化來取勝競爭對手。台灣興隆毛巾公司不以製造毛巾為滿足，積極以本業為

跳板拓廣事業內容。該公司以「毛巾觀光工廠」作為創新的舞
台，在垂直發展方面，展示各年份的新舊毛巾織機，及介紹毛
巾製程的獨特而豐富的步驟。在水平發展方面，自行研發的蛋
糕毛巾擁有多項專利，並利用觀光工廠為跳板，以蛋糕毛巾
DIY，健康毛巾操，毛巾舞表演等活動。把單純的毛巾帶向休
閒、娛樂，學習等多方面發展。

(b)假如式追問

以「假如這樣時，會如何？」這種質問是催出想像的體
貼方法。為此，只以「假如」開始，然後敘述與事實相反的條
件、創意、或狀況，再問「會如何？」。

「假如這樣時，會如何？」這種假如式追問，只要不是
目前存在的狀況，都無妨。假如式追問的好處是，讓人暫時
忘記「這個那個」的規則或前提，引導我們到孕育幼苗之心
的溫床。

2012年法國大學入學考試的題目有；

【文　科】透過勞動，我們獲得什麼？

　　　　　所有的信仰，都和理性相違嗎？

【理工科】如果沒有國家或政府，我們會變得更自由嗎？

　　　　　每個人都有追求真理的責任嗎？

從這種考試題目我們可以想到下列假如式追問。

● 假如，動物比人類聰明時，會如何？

● 假如，人類的預期壽命是二百年時，會如何？

● 假如，人不需要睡眠時，會如何？

大家應知道,「假如會如何?」來追問,不是求一時的高興,是給人思考不同事物的寬裕。如此,乍見在遊戲般的考慮,可能引導不一定是遊戲的回應。曾有著名的科學家自問:「假如我們把電梯,在空間以光速掉落,並在電梯的隔牆上開一個洞時,會如何?假如一條光從該洞射入電梯時,會如何?會發生什麼?」。

愛因斯坦在究明其可能性的細節時,構築了初期的相對性理論的一部份。

以此種軟性思考工具,好像把腦袋打了一拳般衝擊,是對任何人——主婦、推銷員、小孩、經營者、醫師等等,都可以採取的方法,也是把深根固柢盤踞在自己工作內的想法拆除的一種方法。

「假如——會如何?」這種追問的真正的關鍵在於,為了尋找創意,把可能的、不可能的、甚至缺乏現實的,都拿來驗證。

總之,除了大家的想像力以外沒有任何約束,我們要相信在孕育階段任何事物都是可能的。

(c)跳躍式思考

只用「假如式追問」這種追問,可能無法產生現實而獨創的創意。因此必須利用另一孕育期的軟性思考工具——「跳板」。跳板是刺激我們去思考另一創意,是指一心一意的挑撥性創意。跳板不管是不可能實行或非現實性,其價值不在於實現性而是在引導思考的方向。在孕育階段,不要忘記現實

世界的約束是不存在的。有時不可能實現的創意,可能引出現實的獨創性創意。下面的故事是此種現象的佳例。

某化學公司的工程師,提出下面的質問,「假如家庭用的油漆混入火藥,會如何?」。其他的人為此發呆,但是該工程師繼續說,「塗了油漆三四年後如何?硬化而到處有裂痕,要費很大的勞力去剝除。應該有更有效力的方法。如果油漆中混入火藥,應可以把它炸掉。

該工程師的創意非常有趣,但是唯一的缺點是不現實。但是聽了他的「建言」的人的行動才值得欣賞。他的創意從實現性看是無法評價,但是可以把它作為跳板,想出現實而獨創性的創意。他們思考「使老舊油漆,起化學作用而剝落,有沒有其他的方法?」,此種追問引出他們思考的線索,引導他們在家庭用油漆滲入添加物的創意。此種添加物本身不會發生作用,但是老化後再加另一添加物的溶劑時二組添加物就起了作用,使油漆剝落。該化學公司就朝此種創意方向進行研究。

海萊因在1959年的科幻小說《星艦戰將》中,對付外星生物的士兵穿上動力裝甲,速度和力氣立刻倍增。這種「假設」在當時也許一種大膽的想像,但是卻引起科學家的注意,開始研發。例如,柏克萊加大工程教授卡澤盧尼,根據此種構想研發出「柏克萊腿甲」。穿上這套機械腿,雖然背負三十多公斤的重物,只要啟動腿甲,重量立刻感覺猶如背負二公斤左右的東西。美國國防部希望這套機器能大幅減輕士兵搬運裝備的負擔。

　　同樣的研究也在日本筑波大學進行多年，而在2005年發表研發成功，已朝協助殘障老人行走的方向試驗，並考慮能協助救災時搬開笨重瓦礫時，因為機器人或挖土機，在顧慮有人被活埋的狀況下無法執行的工作，改由穿上機械腿的人處理。

　　總之，我們的社會對於脫序的創意，只反應為「非現實的」，不會以會發芽的創意款待，也不會給予機會變為實用性創意。我們應以孕育時期的心態，傾聽每個人的想像力，才能從那裡找到創意發展的方法。不過在此一再提醒各位，現代社會是由現實主義的人們包圍的。

啟發創造力Q&A

【問題】Q3（3）1

　　某丁有一天需要到十樓辦事，碰巧遇到停電，電梯停止使用。從一樓爬到五樓花了52秒，以同樣速度爬到十樓還需要多少時間？

【答案】請看本書附錄2　A3（3）1

【問題】Q3（3）2

　　同樣的東西，買一個時是七十元，買二個時變為四十元。這是什麼原因？

【答案】請看本書附錄2　A3（3）2

【問題】Q3（3）3

　　帶五十元去買東西，買三十五元的東西櫃台只找了五元，為何？

【答案】請看本書附錄2　A3（3）3

4 利用逆向思維

(1) 曖昧性思維

(a)曖昧和思考

世界還處於冷戰時期，當時的美國聯邦調查局（FBI）局長，看了秘書對他口述信的打字稿，因對其稿中排列格式的邊緣的整理方式不滿，則批示「注意邊緣」後交還秘書重打後寄發有關幹部。幾個禮拜後FBI搜查官在加拿大和墨西哥國界（邊緣）採取特別警戒措施。

這個故事，對很多不喜歡用曖昧的方式表達狀況（可做多種解釋的狀況）的人，找到了反對的借口。他們認為曖昧容易混淆，且對意思的傳達容易發生阻礙。其結果我們學到了「避免曖昧」，尤其是在下達命令或整理契約書等關鍵性場合應避免。但是，曖昧有時成為想像力的刺激劑，在創造的孕育期，有些曖昧對大家給予刺激，可能產生下列的疑問：

發生何事？

那是什麼意思？

有無其他解釋？

這種疑問是大家追求新的創意時，應該會發出的質問。所以要找出第二個正解的方法之一，就是對事物以曖昧的心態相處。

假如你剛拿到手機特價的廣告單如下，請問那一機種最划得來？

a 型　原價1500元特價900元

b 型　原價1800元特價1000元

c 型　原價2200元特價1300元

d 型　原價3000元待價1700元

一個答案是a型最便宜，因實際支出最少。但是如果把質問視為曖昧的質問時，應注意「最划得來」是指什麼？如果是指「最划算」時，那麼減價最多者為d型，折扣率最大者是b型，所以要看你對質問如何解釋呢？

圖5是著名的E、盧濱的圖形。你看出什麼？

圖5

以白底來看「圖形」時，是一個優勝杯，黑底則變為「背景」，但是如果將注意力放在中央的微妙的凹進的黑色部份的「圖形」時，好像可以看出兩個人相對的側臉，白色的獎盃就瞬間變為無意義的「背景」，從注意力消失。

如此，我們通常只對「圖形」的浮出部份產生知覺（印象），對退到「背景」部份則成為隱形（Blind）狀況。當我們有了「圖形」和「背景」的區別時，認知才會成立。以何方作為主體，就視看圖人的注意力放在白色、黑色的何方來決定。

換言之，當我們採取曖昧的心態時，可以看出很多創意。所以知覺是主動性選擇的結果，當然此時主動性是受注意力、欲望等主體因素的左右。上述圖形，如由口喝而想喝水的人看，就會注意到獎盃形的白色部份。如由對異性關心強的人看，就會看成二人將要相接吻的黑色部份。

茲有如圖6的圖形，假如我們以「醜陋的男人」為題時，你是否看成鼻子歪在一邊，嘴吧斜斜的男士。但是此圖的原來題目是「男和女」，其題目應隱含性較深。那麼請各位再仔細看一看，就可以猜出這圖與所取的題意的關係。此時你可能看出男女相擁抱的圖形吧！這是「多義圖形」，也是以曖昧圖形來訓練思考和視覺敏銳度的方法。

圖6

(b)以曖昧面對問題

談起幽默，一般人都想到與健康有關，所以古人說：「憂能傷身」。幽默也是日常問題的「解藥」，甚至用幽默化解嚴蕭的爭論和火爆的討論。

通常幽默家在揭露曖昧性。他們對大家認為一般性的內容，提出隱含了另一個可能的解釋。通常的笑話，如果未抓住所給與的狀況之曖昧面時很難理解。

有人說，我們感到害怕時，最好的方法就是用幽默的心態面對。但是當你將要動手術，你很害怕，担憂能否安然度過。此時，如果別人以下面的話來安慰你時，你會如何反應。「別擔心，除非你在手術進行中聽到醫護人說：

『最好留著，驗屍時可能用得到。』

『等等……如果這是膽囊，那這又是什麼？』」

我們在何種場合會笑出？在聽笑話時，我們的思考會被引導到某一方向，而在聽到結尾時，才感覺到事象的曖昧性，然後瞭解其中存在的幽默性解釋。

我們可以利用曖昧性幽默來催生創造性思考。我們可以聽聽相聲之類的唱片，或躺在沙發椅看漫畫書，然後養成適合思考不同事物的精神狀態。

關於幽默的珠璣可列出如下幾則供大家參考。

● 善用幽默感，或可出奇制勝，一擊而中。

● 幽默能使人發笑五秒鐘而沉思十分鐘。

- 笑話和真理並不互相排斥。最佳的笑話是真理，最佳的真理是笑話。

另外有一個問題說；請把下列文字，消除五字母（FIVELETTERS），使剩餘的字母不改次序變為日常用英語。

OFIRVEANLEGTTEERS

我們可以找到什麼句子？大多數的人看了問題有「十七個字母」，要解決問題必須先消除五個字母。換言之，找出十二個字母的句子。」為了此種想法花時間去寫程式，由電腦打出十二個字母所組合的答案可能幾十呎長的結果。此法當然是沒有猜到題意。我們如果以曖昧的心態去解釋指示的，消除FIVELETTERS，是否暗示某種意義。題意應該不是消除五個字母，而是消除「FIVELETTERS」幾個字母，依此試辦結果剩下的字母為ORANGE。

有一位著名建築家採用同樣的技巧，啟發學生的創造力。他要求學生的作業之題目如下；

請描繪自己在做某種動作的姿勢，然後研擬支杖該姿勢的裝置（材質可用塑膠、木、紙、或金屬）。

上述作業是對學習家具設計的學生提出的，該建築家認為假如對學生說；「讓我們開始設計椅子或床鋪時，他們一定根據對椅子或床鋪的既有記憶，下工夫去設計。但是如果相反的從基本面去接近問題，學生才會注意家具的重要側面。」

由以上的各例子，大家應感覺到，只要給一二服曖昧性「處方」，則可催醒不同的思考。

(c)曖昧的來源

曖昧既然可以催醒我們的不同思考，我們應該尋找能給我們的曖昧之來源。只要這來源對我們在瞭解，人、事、物等任何事情的現況，能夠強迫我們去追求另一種意義，就有其存在價值。

首先，我們可以從逆說中得到一些曖昧的來源。

有人說，曖昧對意思的疏通有障礙，一方面又說有助於創意的出現。這種說法本身有一點矛盾，或許可稱之為逆說。那麼其中有沒有共同的要素？我們可以說，兩種狀況都在催促我們去思考。

物理學家薄亞在遭遇難題時，會自言自語地說出；「謝謝，碰到逆說，如此就有希望稍稍的進展。」，其理由可能在此。他知道，逆說對創意有決定性的重要性。因為這些狀況可以對腦袋給與一個重擊，從狹窄的思考路徑向外推出，強迫重新質疑前提。「承認逆說」的行為本身，成為創造性思考的關鍵。換言之，這是把二個不同，並且常是矛盾的概念，予以同時考量的另一種能力。

下面是一些很有哲理的逆說：

● 天才不會犯錯，他的過失都是通向發現之門。

● 有些人重複犯同一錯誤，另有些人則聰明些，懂得找新錯誤來犯。

● 愚昧是斗膽的，知識是含蓄的。

● 最大的愚昧，莫過於認為世上絕無不可解的事。

- 絕頂聰明的人，腦裡也有愚蠢的一角。
- 我幾乎不知道，托福於無知。
- 思考只要不是全無，思考才是最難想的東西。
- 藝術是使我們領悟真實的謊言。
- 忽略的事，不要忽略。
- 銀行，除非證明你不必借錢，是不會貸款給你。
- 有些問題是沒有答案的，這也是一時學不來的教訓。
- 說來似乎很矛盾，唯有不斷成長、改革和變遷，才能真正的安定。
- 贏了，什麼都別說，輸了尤應閉嘴。
- 唯一消滅虛榮心的方法是一笑置之。而唯一可笑的缺點是虛榮。
- 有時要事情自然發生，有時則要促使事情發生。
- 船泊在港中固然安全，可是這並不是船的作用。
- 最穩妥的做法是試一試。

　　其次，各種諺語或語錄都和偉大的藝術品有一個共通點：含有讓你的頭腦和心靈產生共鳴的真理和灼見。

　　古代哲學家的想法有很多值得仔細想了又想的哲理，是能刺激思考的曖昧面的來源之一。下面是赫拉克利特斯（Herakleitos）和希爾蒂（Hilty）留下的部分想法，值得大家細讀。

赫拉克利特斯的語錄：

● 無法在河川的同一流水踏入二次。

● 海水是最清淨，也是最污濁。魚可以飲食，是生命的根源，人類不能飲食，是破壞性的。

● 人類不理解互相相異的東西會如何一致。調整琴和弓時，是由逆向的緊張成立。

● 上坡和下坡是一個相同的東西。

● 預想外的東西，不去預想是找不到的。它不是在尋找、是在追求中才可獲得的東西。

● 人類不宜完成所有的希望。

● 人的性格就是他的命運。

● 我在追求自我。

● 愛好智慧的人，應該是探討很多事物的人。

希爾蒂的語錄：

● 有傾向陷入憂鬱時，把眼光放在小東西上。

● 改變處境並不如想像中那麼容易，只好改變自己對其相處的態度。

● 改善處境效果有限，改變自己的態度才是捷徑。如此處境自然會改變。

● 一切工作的首要在著手，拿起筆寫了第一個字時，事情就輕鬆多了。

● 傲慢通常在毀滅前一刻出現。

- 真理在逐步細嚼中消化，如不能化成自己的血肉，就好無用處。
- 再大的工作，只要把它分割，然後專注最身邊者，就會變小。
- 人類最大的幸福是由繼續不斷的工作形成。
- 最好的創意是在工作當中，而且是在處理別的問題時發生。
- 過度的休息和過少的休息相同，使人疲倦。
- 最好的友人是良妻。
- 人類的幸福不在困難少或皆無，是在克服了困難，而且克服的漂亮。
- 能力在克服弱點的磨練中產生。
- 適時得到的書籍，通常都是向更高尚的生活的招呼。

　　希望大家能找到，能作為自己的曖昧之來源，把它作為寶貴的資源去開拓。應瞭解創意的產生並不如一般所述是偶然的，希望大家使用這類工具，來提高獲得創意的平均打擊率。

　　總之，我們通常為了避免意思溝通的不順，不會常用曖昧性的工具。但是在思考的孕育期，如果太一板一眼時會使想像力窒息。

啟發創造力Q&A

【問題】Q4（1）1

二個小氣鬼想飲酒,但是桌上只有二種不同形狀的杯子。酒在其中一杯中,如何將這杯酒公平的分為兩杯,互相不會有意見。

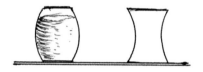

【答案】請看本書附錄2　A4（1）1

【問題】Q4（1）2

桌上有如下三張卡片。希望把卡片移動後,變為能以53除盡的三位數。

如何辦?

5　**1**　**6**

【答案】請看本書附錄2　A4（1）2

(2) 遊戲中學習

(a)閃出創意的時期

有一種質問，做什麼的時候，或在什麼狀況下，你會閃出創意？

例如；在做經常性工作時，對質問的反應時，在運動的當中或之後，在深夜，在開汽車時，跟別人在一起時等等。

有人對數千人提出上述質問，所得到的回答可以分為二個範疇。第一為，「在需要時（必要性）」，其代表性答復如下；

- 面臨問題時
- 東西壞了需修理時
- 需要滿足感時
- 限期將屆時，不得不絞緊腦汁時

這些反應，正在証明格言，「需要是發明之母」。但是很有趣的結果是，相反的狀況下想出創意者幾乎也占了同數（乙半）。其代表性答復如下；

- 在遊戲時
- 從事與工作無關的事情時
- 正在玩弄問題時
- 在輕鬆的心情時
- 喝了二杯啤酒後

從這些事實看，如果需要是發明之母，那麼遊閒是發明之父吧！遊閒的心也是創造力的基本。事實上，大家會產生創意，應該是在精神的遊樂場中遊玩的時候。因為此時，我們處在沒有防備，腦袋的僵化也解開，不再顧慮規則、實用性、或發生錯誤。

有一句諺語說「最忙的人最有空閒的時間」，從表面上看有一點矛盾。忙人不可能有閒散的時間，但是仔細想一想也有其道理。這種以表面的矛盾來引人注意的諺語，早在十九世紀中期就在英國流行。甚至有人說這種想法早在古羅馬時代已出現，而以相反的方式表達，成為「無事可做的人最忙」的名言。

我們似可以借這些諺語，考慮閃出創意的時期。最忙的人既然最有空閒的時間，是忙人安排時間得當。他們一定會把空閒的時間安排在如何放鬆精神。如打高爾夫、慢跑，爬山，打麻雀等等。那麼在此種遊閒時間，閃出創意的機會自然會增加。我國的成語「忙裏偷閒」，其含義較接近如何應用空閒時間放鬆精神，為忙人準備閃出創意的心身狀況。

入秋後假期較多，遇天高氣爽適於寫作的季節，如果大家只貪圖想完成那件構想，或實施這件計畫，結果這些只會停留在計畫或構想狀態。有空閒時不要執著於瑣碎的事情虛度時間。應學習忙人將事情迅速的處理，盡情享受事後的閒假。

有人說靈感在心情輕鬆時出現，也有說創意只是「概念的一扭」，所以如何放鬆生活的步調也是創意人應學習的功課。

(b)遊戲和學習

人生的大部份是贏或輸，不是贏就是輸。大部份的遊戲、體育競賽、選舉、賭博、辯論等都是如此。但是在遊戲時有另一種邏輯在主導概念，是勝或不勝的邏輯。其與一般的勝負的差別的重點在於，對錯誤的處分改以從錯誤中可以學習的概念來代替。如此在贏時就是贏，沒有贏時可以學習。在這種優異的規則下，遊玩時損失的只是時間而已。小孩體會遊戲中學習的態度。他們在踢足球時只注意如何傳球，玩各種玩法，使足球技術進步。小孩玩電腦自由自在地嘗試各種方法，不久就比大人更熟練各種遊戲。

小孩是遊戲的好手的理由之一是，他們不知道所謂的「常識（錯了會受處罰）」。古代希臘人已知道從遊戲中學習。他們的教育（paidela）的概念與遊戲（paidia）的概念幾乎相同。古希臘的哲學家普拉頓說下面的話時，可能正在想此種情形。「那麼，正確的生存方法是什麼？人生應在遊戲下生存」。大家如果在遊戲時，應表示在學習中，也是在生存中。

中國文字之美，往往在平凡的地方呈現，假如我們利用組合式合併的精神，將文句模組化，動動腦筋做小小的調整，可以使文句意涵產生魔術般的變化，而有在遊戲中學習的效果。

例如，常常看到的交通標語；「安全是回家唯一的路。」，將它調整為；「回家是唯一安全的路」，則既溫馨又體貼，

對開車的先生的感受，可能從警告式意涵變成對太太的溫馨話，自然而然地把先生的方向盤轉向回家的路上。

另外，聯合報副刊曾登載蕭蕭老師在課堂上要求學生將鄭愁予的詩集的一句；「寂寞的人坐著看花」，做調整句子的作業。並將其結果整理如下；

*調整較小的：

　　寂寞的花坐著看人，寂寞的人看花坐著，
　　坐著看花的人寂寞。

*調整較大的：

　　人坐著看花的寂寞，花坐著看人的寂寞，
　　看花人寂寞的坐著，坐著的看花人寂寞，
　　看花的人寂寞坐著，看花的人坐著寂寞。

*破壞原有文字順序，再造新義的：

　　寂人坐著看的寞花，坐看著人花的寂寞，
　　人寂花寞的坐著看，著花的人坐看寂寞，
　　坐看花的人寂寞著。

蕭蕭老師認為，如果允許加標點符號，變化就繁雜多了。例如；

　　寂寞──坐著看花的人，坐著看的：人？寂寞？

如果再放寬，允許加減其他文字，則可能出現不少佳作。例如；

　　「看人？看花？看寂寞？」，「人，寂寞；花，
無奈」，「落花看著人的寂寞」。

　　從這種遊戲中的學習，可以體會字句運用的妙處，瞭解
文句的調整如何豐富文句的意涵。但是更重要的一點是，遊戲
中的學習，不但可以培養如何奔馳思維和開拓想像的空間，更
可以將複雜的構想理出清晰的思路。

(c)遊戲和工作

　　有人認為，在玩弄的時候，不可能認真去處理事情。
這些人的心態是「不要遊玩，應該把心掛在工作」。他們認
為，工作和遊戲是互不相容的箱子，假如不可能產生可見到
的結果，則不能視為在工作。總之，他們認為「遊戲是輕浮
的」。

　　另一批人對「遊戲和工作」的題目，認為遊戲是私生活
的手段，把遊戲的結果彙總時就是工作。他們知道創造有二個
層面，在遊戲的層面，他們嘗試各種方法（傳統的方法，空想
的方法，以及瘋狂的方法等），知道何者能行得通，何者行
不通，根據這些知識他們可以使新的創意發芽。在工作的層
面，取出所學到的事情予以評估，把新獲得者和既有的知識融
合、整理成為有用的形態。

　　有一位人造衛星的設計部長說；「在某次設計會議，大
家很高興的喧鬧。他們開始對人造衛星嘲弄，說笑話，也做
『合轍押韻』的怪招。把人造衛星是什麼？做體無完膚的批

評。這次會議成為幾個月來最有成果的會議。第三周，全員認認真真的討論設計問題，却未產生任何新的創意。」

　　遊戲的產物之一是快樂，如此強有力的動機是少見的。快樂的工作環境較一般性的環境更具生產性。樂在自己的工作的人可以想到很多創意。快樂是傳染性的，為了享受快樂，很多人會盡力工作。有一位微處理機公司的總經理說：「遊閒心是他成功的關鍵之一」。該公司採用員工不大計較頭腦好或能力好。他們重視的特質是遊閒心和集中力。具備這兩種特質的人有熱忱，並且這類人會產生新的創意。熱忱（enthusiasm）的語源是來自希臘語中「神住（enthousiasmos）」。有熱忱的人好像懂得接近靈感之源的精神狀態。

　　另有人對遊閒和革新的關鍵認為；「幽默、輕浮以及遊玩各有其任務。大家可以想到大部份的大公司，原來都由在車庫裡一人自樂的人物起家。但是今天大部份的管理階層，從工作刪除興趣和幽默，因此把創造性也排除。」

　　人類最重要的發現或創意，有好幾種都是在遊戲目的中想出，其實用性價值是嗣後才被發現。其中的佳例是由德國的數學家兼天文學家莫比烏斯發現的「莫比烏斯的環」（以下簡稱莫氏的環），該環具備想像不到的性格，亦即，只有一個面的「位相幾何學」概念的環。

　　莫氏的環是如何把紙帶做成環狀呢？（請參閱圖7）

(a)　先準備一條長型帶狀紙條，在紙帶的四角各記上互相對角的XY（圖7A）

(b) 在連結兩端前，將一端扭轉，如此兩端的XY會在同
一方向（圖7B）

(c) 把帶狀紙條粘成環狀完成莫氏的環，此時兩端的XY
是粘在一起（圖7C）

(d) 莫氏的環只有一個面，為証明此種情形，用鉛筆緣著
環帶中心畫下去，最後會回到出發點。由於全部被畫
過，可証明只有一個面。（圖7D）

(A)

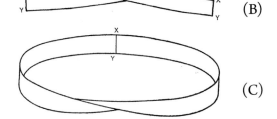

(B)

(C)

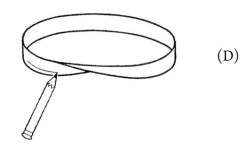

(D)

圖7

　　接著以剪刀順著剛畫的線剪下，會變如何？一般的環剪了一半時，變成較窄的二個環。但之莫氏的環不是這樣，是變成連在一起的二個環。那麼再把莫氏的環，以寬度各三分一剪下，又有驚人的事發生，會變成三個互相纏在一起的環。

　　莫氏的環長年只被作為「位相幾何學」的有趣遊戲工具，但是近幾十年該環被想出實用性的應用方法。橡膠製品的製造商，把它利用在輸送帶。此種輸送帶實際上兩面變成一面均等的磨損，可以使用較久。電子工學工程師發現，背面扭曲的抵抗器之效率較高。化學家在探求莫氏的環形態的分子的製造方法，由此分裂時不會變小反而變大。

　　總之，如前述我們認為遊戲是發明之父，大家為了成熟自己的思考，應好好地利用它。

啟發創造力Q&A

【問題】Q4（2）1

　　在炎熱的夏天，我們在平衡台上做如下圖的實驗。在平衡台上一邊放西瓜，另一邊放相同重量的冰塊，使兩邊保持平衡。如此放一段時間後，平衡台會如何傾斜？

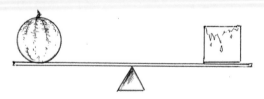

【答案】請看本書附錄2　A4（2）1

(3) 利用戲謔者

(a)團體中的人性

我們通常被團體的壓力所支配，當你觀察自己的行動模式時，可以知道我們相當順應環繞自己的各種狀況。例如，在高速公路開汽車時，周圍的人都開超過限速的時速115公里（限速為100公里＋10％），你會如何處理，遵守限速規則是非常困難，只有跟著車流行動。還有，假如你是大都市十字路口站立的行人群。當時有十幾個人在路口等候綠燈亮，路上沒有汽事通過。不久有一位行人不管紅燈衝過去，接著一人又一人，除了你以外的路人不管紅燈通過十字路。你也不得不照大家的做法做，你一個人站在原位好像有一點太傻。

順應性至少有助於二個實用性目的。第一，為了社會生活的運作，需要成員間的協力。沒有順應性，交通會打結，生產的目標無法達成，社會組織會崩潰。我們為了得到社會性存在的利益，犧牲自己本身的個性的一部份，作為代價。第二，假如我們被放在不習慣的環境時，會如何？我們為了獲取以正當行為的生存知識，應向別人學習。例如當我們到捷運站碰到自動售票機不知道使用方法時，只有看看別人如何操作後，嘗試。

新的創意在順應性的環境下不會產生。眾人集合在一起時，通常有「團體思考」的危險性。這是團體的成員，比關心當前的問題想出獨創性解決法，寧可說更關心如何得到其他成

員的贊同。團體的壓力對獨創性和新的創意有壓制的威脅。如此，當大家只在做相同的思考時，沒有人會認真想新的思考。

例如，某公司在董監事會議中有一項新創意案被提出討論。各成員一個一個表示贊成的發言，最後主席說：「假如我也表示贊成，等於全員一致通過。我不希望如此，所以提議延後一個月再討論，我擔心的是我們目前的想法，對新創意的提案只做單方面的見解，這種決策是危險的，希望大家在一個月內，把提案從另一觀點調查。」一個月後，該提案再度在董監事會議提出討論，此次提案被否決。亦即董監事做了超越團體思考的決定。

(b)戲謔者（丑角）

做決策的人，做創造性思考的人，都會面臨如何處理順應性和團體思考的問題。如何處理？可想出的一種創意就是利用戲謔者（丑角）。這是文藝復興時期的王侯，為了保護自己不被拍馬屁阿諛的建言蒙騙所採用的。

王侯的建言者很多是「跟屁虫（yesman）」，只說王侯想聽的話，對王侯的決策沒有好處。王侯深知此種趨勢，乃利用戲謔者的角色把懸案的問題予以搪塞過去。戲謔者還採用許可證制，他們的戲言可能改變王侯的思考，強迫王侯重新思考問題的前提。如此，王侯可以遠離團體思考的約束，產生新的創意。

戲謔者如何扮演其角色？下面介紹幾種方法供參考。

　　戲謔者可以「使用不合理的邏輯。也可以否定問題的存在」。如此才可以重新檢視問題。例如，一般人認為景氣衰退是棘手的問題。戲謔者不如此看。他會說：「景氣衰退是好事。」為何？他會說：「大家會更有效率的工作。大家對自己的工作之將來性感到不安時，會認真工作。而且，大部份的企業贅肉太多。景氣衰退可以使企業減肥到可以競爭的程度。」

　　戲謔者可以「把我們的標準性前提推翻」。例如，假如一位男士向後跨坐在馬上時，他可以說：「為什麼認為向後者是男士，是馬向後呀！」

　　戲謔者可以「不合理」。例如，某戲謔者遺失驢，因此跪在地上謝天。路過人看了問：「丟了驢為什麼要謝天？」戲謔者說：「好在我沒有騎在驢上，是上天的安排。否則我也失蹤了」。

　　戲謔者可以「稱讚不足取的小事。也可以貶低被極力稱讚的事」。他會把規則搪塞，這是他們的工作。但是在如此做時，可能刺激我們的創造力的流量。不足取的創意被澆冷水才會醒過來。

　　如此，戲謔者強迫我們，那怕是瞬間，把認為事實的事重新考慮。無論如何，他們會突然拆除我們對事實的想法，把我們的視野大大地擴大。

　　這是很有用處的做法，當時事在急速變遷時，那個是正解，那個是不足取，誰能確定？愛因斯坦說：「有的質問使我迷惑。錯亂的是我？還是別人？」

　　有時戲謔者比賢人說出更有道理的話。五年前大家認為不足取的創意，如今可能成為現實。

　　某管理顧問公司舉辦一種講習會，主題為《Fool and Rule（戲謔和規則）》，以戲謔者挑戰規則方式進行遊戲。這是輕鬆的遊戲，參加者可提出任何妙論。下面是若干案例。

　　【規　　則】電話的問答應對一定要有禮貌
　　【戲謔者】開玩笑。應該以不禮貌對付，如此可以減少
　　　　　　　通話時間，客服部門的工作也會增加，員工
　　　　　　　的人際關係會更直率，也不必一直按電話的
　　　　　　　通話繼續鍵。加之，不禮貌的電話可能成為
　　　　　　　員工工作壓力的發洩口。
　　【規　　則】某石油公司的廠內禁煙
　　【戲謔者】太笨了。准許抽煙可以減少老人年金的支
　　　　　　　付。也可以掃除因為在公司服務而患肺病的
　　　　　　　員工。油槽安全性不得不提高（不得漏氣
　　　　　　　等），以防爆炸。

　　由上述案例可以看出，扮演戲謔者是很快樂的。其角色作為產生創意，重新檢討前提而言，是很優異的方法。產生的創意雖然不一定排得上用場，但是戲謔者的創意可能導致現實而獨創的創意。雖然成果不佳，至少可以理解原來的規則存在的意義。

　　總之，有人說：「因為太嚴肅，不得不笑出來」。這句話啟示了重點，社會上有人因為大強烈的寵愛自己的創意，把它奉上天。但是要注意，當自我和創意連在一起時，很難保持客觀性。

啟發創造力Q&A

【問題】Q4（3）1

　　有一位對離婚訴訟常勝的律師。該律師通常都站在太太這邊，向其先生訴賠龐大的贍養金而出名。有一次該律師本身陷入離婚訴訟，但是並未改變其方針仍然站在太太這邊，免費替太太辯護，從先生訴求了龐大的贍養金。此次該律師在金錢方面並無任何損失。

　　有無可能發生此種情形？該律師也沒有從其他的人獲取酬勞金。

【答案】請看本書附錄2　A4（3）1

7 創意人的素質

塵世有界，想像無疆

——Anin Ratchett

1 想像力

想像力是把我們想到的任何東西（願望）予以具體化的能量。我們的願望或想做的事情，借想像力的力量予以有聲，有色的具體化，然後轉為行動。

依過去的歷史看，人類想像的東西已把它一一實現。例如，我們想支配天空的想像，已從想飛翔，到能飛到外星。所以人類的想像力仍有發展餘地。

想像力有二個型態，一為；「改良型的想像力」，另一為；「獨創型的想像力」。

(1) 改良型的想像力

這是一般所知道的，是指把既有的概念、創意、計畫等重新組合者。是把過去的經驗或觀察所得的東西，予以做出新的東西。發明家大部份以這種想像力從事發明。我們日常的願望大部份是屬於能以改良型的想像力來解決的難題。只有例外的少數由所謂天才靠獨創型的想像力來發明或發現。

(2) 獨創型的想像力

這是人類在有限的心和無限的智慧直接結合而成的。能產生「閃現」或「靈感」是這種獨創型的想像力。人類能產生嶄新的創意是靠此種想像力。

　　獨創型的想像力是自動運作的。當人類的心急速轉動時，例如，在強烈的願望下使人心興奮時，可以發揮這種能力。歷史上的偉大藝術家、政治家、音樂家、文學家等都是發揮獨創型的想像力而成功的。

　　想像力雖然理論上分為獨創型和改良型，但是實務上只是啟動的動機或時期差別。

　　願望的初期只是閃現而已，如不予以具體化，仍舊是抽象而無價值的東西。所以要把願望轉為現實，通常都需要改良型的想像力，但是不要忘記有時不得不靠獨創型的想像力。

　　想像力在進行創意的判斷和選擇時扮演重要的任務。預測將來必需想像今後可能發生的結果，至少需要有能力去評估各種各樣的結果會發生多少。同樣的，在選擇時，選擇路線並非由某人給與，是自己去想像或創造。進一步說，做任何選擇時，必須有能力去想像自己的偏好，亦即，對各項不同的選擇路線的嗜好的程度多少。當你擁有的想像力越豐富時，你就有越廣泛的選擇路線。假如不能想像各種可能性，則成為對未來預測或因果關係貧乏的原因之一。

　　大部份的人只要具備最低限的智性，都具有創造力或想像力，雖然很難培養成所謂天才的程度，但是至少可以把它培養成長。想像力或創造力雖然無法無限制的伸長，但是其伸長的程度是跟平時的努力成比例的。

　　有人說；「發明是跟別人看同一東西時，能在思考時冒出不同的想法。」因此想要成為有創意的人，應磨練自己在看跟別人相同的東西時，應思考有什麼不同的地方。

2 觀察力

在目前的環境下，很難培育創意性技術人才的原因之一在教育上的問題。各種考試的內容變成測驗知識。例如，提出一連串的「術語」要求說明之類的問題，此法只能測試是否知道而已。

我們應該注重是否理解的教育，但是在現況下卻在推行偏重知識的教育。不但是大學，連研究所也以填進知識為主，所以他們出社會後仍無法做真正的工作。

所謂研究，某種程度是學徒方式的工作，在那裡沒有事前準備好的方法論。通常應親身觀察及體驗「師父」成功的經驗，從其中學習東西。

製造商的研究可以只要求製造出好東西，不計較途中的經過，但是大學的研究應以理解為主，所以在那裡的研究人員應重視經過的觀察。

很多人以知識的量而自大，這種情形沒有什麼了不起，充分理解基本才重要。雖然是單純的基本亦然，在那裡有珍寶，有創意的源泉。知識可以從看書而得到，但是理解只有靠自己的頭腦去觀察。

「創意人的原動力是什麼？」有人說，創意人有一種性向，想成為「知識淵博」的人。不錯，知識是產生創意的原料，但是只有知識並不保證創造性。大家都知道歷史上知識淵

博的人很多不見得成為創意人。他們的知識只在休眠狀態，因為他們沒有把知識以新的作風去思考。因此，要發揮創造力的關鍵在於如何對待知識。創造性思考需要：在細貳的觀察下尋找創意，並有運作知識和經驗的態度或觀點。站在此種觀點，嘗試各種各樣的方法。這種嘗試有時會終於無結果，但是只要以瘋狂、無聊、脫離現實的創意做為跳板，才有可能到達現實而嶄新的創意。有時還要突破慣例去追求異想天外的創意。

著名科學家兼發明家貝爾曾提出保持大腦年輕的自學三大原則：「觀察！記憶！比較！」。他主張腦袋除了記憶別人告知的事實外，要自己思考，否則腦袋就不太有用處。因此腦袋要不斷地活用。首先，觀察具體事實，接著與記憶中的事實比較，找出兩者的異同。換言之，人要不斷地觀察，記住觀察的事實，為自己的疑惑不斷追尋答案。

某化學公司倉庫後面的不良品堆棄場開始雜草叢生，有一位員工走過時發現此狀況後向上報告。該公司總經理腦裡有一種「異感」，他有一種感覺「廢棄物中可能有促進植物成長的要素」。當然這是總經理的靈感。他馬上要求研發部門調查原因。研發部門指派一位對園藝有興趣的員工，針對「不良製品對土壤的影響」做研究。該員工攜帶相關的製品和廢棄場的泥土到農事試驗所及大學的農學院，委託他們做試驗。

經過辛苦的試驗分析，結果證明廢棄的產品中含有使土壤變為多孔質的要素。該公司的總經理要求在自營的鄉村俱樂部做實驗。結果在冬季會凝固的泥土，如果滲混該化學藥品後會變為鬆軟。不久該公司製售新的「土壤改良劑」。

　　這是對小小的「異常」能予以察覺，進一步予以具體化
對公司業務的成長有重大貢献的一例。

　　總之，只有站在創造性觀點，充分理解知識，予以消
化，以嶄新而富於變化的態度去觀察，才會開花。

3　毅力

　　通常所謂的頭腦好是指頭腦轉的快，但是頭腦好也可以
表示腦力很強。亦即，追根究底不輕易放棄的精神。這種腦力
很強的毅力也是頭腦好的一種。

　　自己覺得奇怪時，或不甚瞭解時，應追根究底。一般人
遇到有疑問時往往會很快忘去，這些疑問應把它記住。曾懷疑
過的事物，不輕易放棄，能繼續思考，這種毅力除非腦力很
強，否則不易做到。

　　腦筋轉的快的人，在推論時容易犯跳躍，甚至會把某些
地方混過去。所以腦筋轉的慢的人，只要把想到的結論先儲存
在腦裡，久而久之，反而可以理出體系。

　　我們常會遇到，物理和化學的老師對某一現象的說明，
因立場的不同有不同的說明。此時對既屬同一事象，實質上應
該如何，先在腦中做整理，追求從任何角度都能說得過去的答
案，在未何說服自己前要不斷的思考。這種訓練對創意人而言
是非常有用，是值得學習。

統計資料如照樣採用是無法產生任何東西。為了從統計資料找出獨特的結論，有人主張應向「蠶」學習，做有耐心而深入的探討。因為很多昆虫都吃葉綠素生存，但是只有蠶才從口中吐出白白的蠶絲。在資訊化時代，大家都在應用相同的資訊或相同的統計資料。我們不能就此滿足而失去視野，應學習「蠶」的毅力和創造力，仔細檢討資料，從其中找出獨特的結論。

讀萬卷書，只靠優異的記憶力閱讀，只是停於記憶階段而已，假如沒有運用觀察力或毅力，仍無法找到新東西，或導出不同的想法。這些毅力或觀察力是在思考性讀書中培養、磨練出來的能力。

人生的過程中，應有耐心去培養看視界所能及的遠處，此時統計資料只扮演輔助的角色而已。

創造性的工作宜由「天才型的人」做才是捷徑。所以以一般方式培養的人才，只適合做改良性之類的創意。一般的人才還要經過一番的自我努力才能成為能做出創造性工作的所謂「天才」。

有人說，天才不單單是頭腦靈光，還要具備「異常的集中力」。亦即，誰都可以成為天才，相反的，頭腦好不一定就可以成為天才。

據說圍棋界的天才吳清源先生，在他修行時期，右手的指甲因為下棋時，手指要不斷地伸入棋子盒而撞得「破爛不堪」，表示他經過併命的練習，才榮獲棋聖的頭銜。

所以天才型人才或創意人仍要經過對一件事集中全力，努力再努力的磨練，始能產生「天才」。

一個人不要因為不靈巧而躲避，想辦法克服它就會進步，再者不要隨波逐流在浮盪，以毅力用自己的頭腦去思考，才能走進創造性發明、發現的境界。

總之，在自己的腦中要整理出有體系的東西，不能中途而廢，要徹底的做。如此才能應付對異常而重要事像的判斷。重大的工作絕不是隨性所能做出，平時的踏實而有耐心的用功才能期待其完成。

4　遊閒心

培養不同領域的興趣是值得鼓勵的。從早到晚「集中」一事，無論在精神上或肉體上都會發生過度的緊張。有時應轉換氣氛，享受腦中的淨空時間。

人類有一種惰性，則到某一程度就會欺騙自己，粉飾太平。因為欺騙本意，抑制真情，當然會留存不滿的情緒最後積成「憂鬱」。

有一位大學教授為了喜歡的工作，不得不做不喜歡的工作。換言之，為了喜歡做研究工作，不得不親自扮演水電工，專心做實驗台設備，而樂在其中。

通常興趣不一定直接跟創意有關連，但是以興趣為引線

而成功的案例很多。所以廣泛的涉獵不同範疇的知識有助冒出創意。

有一位著名的作家說；他的生活有很多「頻道」，除正業的寫小說以外，在生活的好奇心而產生的「頻道」並不少。如此可享受生活的樂趣，因此他比「一以貫之」的人，活的更有意義，也不會犧牲走進各種生活圈的機會。結識多方面的人，也許有朋友過多的負面因素，但是對創意人而言，此種生活態度仍然是正面因素較多。認識正業以外的各行各業的人，至少可擴大思考範圍，無意中可能遇到意想不到的啟示或靈感。

5 人人都是創意人

假如一般人被迫想出創意而擠不出創意時怎麼辦？這時候請自問；「我為何追求創意？」

● 想賺一點錢？不錯，很多人想以創意獲利。

● 想發展事業？不錯，靠各種創意可以使事業成功。

● 想夢見成功的樂趣？創意可以當作興趣，它能保持心神的健全。

● 想使社會秩序安定？不錯？世界上弱勢族群很多，需要創意來改善他們。

一般的人都對金錢很關心，所以大家想要賺錢，謀求更

高的職位，更好的事業，或希望有光明的未來。這些都是不可
否認的事實，既然創意是一切的原動力，以創意賺錢並非可
恥的事情，以創意在企業中追求高職位或高報酬是正當的手
段，更何況創意可以實現自己的夢想，為社會大眾的福祉提供
貢獻。

　　世界上遺留青名的偉大人物，和逃避於過去的一般人不
同，是不斷地向前邁進的人。假如沒有瓦特、愛因斯坦等人才
的存在，我們今天所享受的文明世界可能不存在。創意是帶動
世界進步的原動力。

　　傳統的學校教育強調過去，而忽略展望未來，很多研究
也止於研究過去而忽略利用它，因此成為推展創造性思考的一
大阻礙。我們往往視將來為無法掌握的神祕物，但是創意產生
的地方實際上在於未來。

　　過去有一段很長的時間一般認為發揮創意的工作是很神
祕的東西。大家認為創意並不是有意識的「做出」，而相信是
「天來的啟示」般突然冒出。但是經過學術界培養學生的創造
力，予以實踐後，這些學生逐漸變成富於創意的人才。這種嘗
試發現，創意能經過一定的程序產生。

　　所以創造力應該任何人都擁有的能力，其差別在是否把
它發揮而已。假如一旦理解如何去利用它，創造力會越來越增
強，猶如一般的行動，創造性的活動在某一程度上由於熟練而
發達。當然這些熟練度因個人的天生的素質有若干的差異，但
是至少在某一限度內能以學習來提高熟練度。這時候最起碼的

要求是須設法排除產生過程中的障礙，所以只要相信任何人都可以發揮白己的創造力，就是踏出成功的第一步。產生創造性的思考的過程，應該與工程或醫學相同可以傳授給他人。因為社會上的事象，無論係有形或無形，都有其緣由，假如可以發現其原由時，很容易「再製」它或應用它。

8 創意人應有的
心理準備

人要聰明略帶糊塗才能有成就

——C. F. K

1 創意是苦差事

現在社會環境在不斷的變遷，如果不轉換思考法，我們沒有辦法適應變化，連求生存也會受威脅。

適應變化就是不要被前例，或既有的常識，或固定觀念套牢，應保持柔軟性。抱住前例或固定觀念，很難伸長自己的能力，也無法湧出創造力。尤其是企業等組識的活動通常都依照「習慣法則」運作，要改變習慣往往會遭遇抵抗或反對。所以如果它們不隨時求改進，則會有從時代落後而危及生存。

如果一個人想以創意為「業」時，心理上應有準備。成功後固然得到熱烈的鼓掌，有時名利双收，但是其過程是艱苦的。

例如，愛迪生的一生是把不可能變為可能的人。他陸續完成人類沒有夢想到的新發明，但是每次推出新東西就遭遇社會強大的反感或反對。所以，他在自傳中敘述：「我一生的大半浪費在法院的審判中，來世我不想再扮演發明家的角色」。

一般人「從事」創意工作，當然無法與愛迪生相比，不過如決心要把不可能變為可能，或想打破前例時，心理要有吃苦的準備，更要緊者是要瞭解成功的喜悅並不是甜密的，實際上是苦澀的。有此心理準備，從事創意工作所受的打擊才可以減輕。

要提出創意，如誇張的說，是對目前的生活或意識引起革命性的改變，故需要相當的努力和決心。如果未對環境等進

行適當的處理，只要求提出創意是不容易也不簡單。因為，環繞我們的環境，阻礙創意的冒出或產生的因素很多。所以如何切斷飛躍性想法的絆手絆腳因素，是踏入創意生涯的前提。

在此，我們要強調，雖然創意有連續性發展機會，但是突出而成功的案例不如想像那麼樂觀。要解答問題，通常要重複無數次的思考試行。我們還不能看輕，龐大次數的非生產性思考的試行。請想一想，只有極少數的思考被意識化，這些被意識化的想法只有少數能發出聲音，其中又屬於更少部份被出版，又其中的極少部份傳給下一世代。其間有很多的浪費或延遲，思考能達成者是其中極少案例。

另一很重要的問題是，通常會不斷提出創意的人是，不被框住的人，不聽上司的話的人，我行我素型的人，與同事不往來又不相投的人，是不屬於定型的上班族。這些人往往在社會上被視為「異端份子」或「怪人」。

加之，我們的社會型態仍彌漫農業社會的「以不變應付萬變」的意識型態，很多企業對有創意的人仍視為「有害份子」。

2 應建立信心

人類生活中在各方面常出現一種現象，一個人對不是真實的事，相信為真實，根據這個信念行動，最後由於這種行動實現信念。一般稱之為；自我達成的預言，是以願望培養出來

的潛在意識，是思考的世界和行動的世界相疊的案例。企業家常經驗自我達成的預言。事實上企業的信用完全建立在這種基礎上。假如企業家認為市場是健全（雖然並不如此），該企業會投資。這種行為提高別人對該企業的信用，不久市場會趨於健全。

教育界也有感覺到自我達成的預言而成功之案例。有一位教師被派擔任實際上是普通的班級，但是被告知是擔任資優班。其結果，該教師為了發展學生的才能，採取與過去不同的態度，也花時間準備課業，下課後也留下授與學生很多創意，學生對這些以積極的態度回應，成績也從平均提升為平均以上。由於孩子被視為有才能，結果表現出有才能的孩子。

同樣的現象也在運動競賽中見到。運動競賽中勝者和敗者的主要差異之一為，勝者自己認為會勝，敗者通常在找輸掉的借口。有一位全美大學體育學會游泳的常勝者說，他能獲勝的理由為，除了實行對手也在做的練熟游泳法，注意健康等一般性條件外，他實行一種決定性不同事項，競賽前的精神上的準備。

他在參加比賽的前日，心中不斷地放映如下的電影：「我到了遊泳池時，數千的觀眾的歡呼中，站在起跳點，比賽開始的槍聲一響，一跳，使出各種技巧全力以付，心中只有戰勝對手，最後到了終點，贏了！」

由這些例子可以知道，有的願望只要在心中一直想，並成為一個人的潛在意識時，會對行動的世界有很大的影響。

某公司因為研究開發部門的部份職員缺乏創造力，為此公司聘請心理學家的小組，調查什麼因素使這些職員缺乏創造力。該小組經過數個月的調查所得的結論主要為；獨創性的

人，自己認為有獨創性，缺乏獨創性的人則沒有想到自己是獨創性的人。

　　並且自認為獨創性的人，擁有孕育期的精神狀態，而有寬裕的心情玩弄知識。自認為「我沒有創造力」的人，都是非常現實或想法在一定的框框中，這些人之中，有的認為創造力是屬屬於貝多芬、愛因斯坦或莎士比亞之類的人專有的，因而把自己壓制。

　　不錯，上述的偉人是在創意的天空上閃亮的明星，但是大部份的情況，他們也並不是無意中得到那些優異的創意，反而，那些優異的創意的大部份，是由於注意到不起眼的創意，把它「玩弄」養大而形成的。

　　如此，有創造力的人，與不大有創造力的人的差別的主要原因之一在於，前者注意自己的微小的創意，不管這些每一個會引出什麼結果，相信微小的創意會成為很大的突破口。並且確信自己可以把它實現。換言之，差別在於一個人本身的潛在意識中，有無自我達成的願望。

3　勝負在彈指之間

　　在研究、創意的工作，常常發生當你發現新東西時，幾乎同時別人也可能發現同樣的東西。因為大家所處的環境很相似，誰能領先予以理論化只有彈指之間的時差。

　　有人說，領先者是「運氣」好，並認為「運氣好的人是偉大的」。如果很多人察覺同一現象，其中一人對偶然發現的現象，予以理論化的說明，不能說因為是偶然的產品就認為不偉大。

　　一般人在反覆做實驗中，雖然發覺有異常的現象，但是不會察覺該現象的重要性。能發覺的人會孕育該疑問，進一步探究其所以然的說明。此種人仍值得尊敬。能活用此種微小的「運氣」已值得佩服。雖然微小的努力差異，但是這差異可能變為巨大的差異。

　　日人江崎教授發表二極體（diode）理論的初期，只有二三個研究小組支持該理論，其他大部份的研究小組，以冷言冷語批評。不久該論文被美國承認，博得高度的稱讚，原來的批評者頓時改口予以稱讚。

　　日本八木天線（antenna）的發明經過也如此。八木先生研究室的研究員，以高周波數反覆進行實驗中，在某一次試驗時發現，在意外的地方有電波的反彈。他們認為這是不可思議的現象，故進一步探究原因，除了在傍邊有豎立的鐵線外無其他異樣，所以再豎立鐵線後送電波，得到如預期的結果。

　　八木先生聽了這結果，思考原由，指示研究員對鐵線的排法、長度做不同組合，繼續實驗。其結果如八木先生的預估，對鐵線有反射，並解明電波能向一定的方向流出，完成「八木天線」。

　　研究室的受託學員對微小的偶然現象很細心的察覺，經由八木先生解明，應用於電波向特定方向放流的工具。研究開發常以類似的過程出現結果。

這件故事啟示多一份微小努力的差異，可能帶來後續的很大差異。

很多發明、發現是經過這種偶然出現的異常的東西或現象，事後予以理論的背書。不管如何，微小的注意有時能冒出改變歷史的大發明或大發現。假如忽略了這種微妙的小針的振動，可能不會有那些發明、發現。至少也可能延遲很久。

總之，對基礎性學問或實驗資料等應認真瞭解，才能發覺異常現象，才能知道不尋常。平時不做踏實的用功，寶物是不會從天上掉下的。

4 應儘早完成

創意研究工作初期以模仿進行也無妨，但是最後應該做出獨創性的東西。以模仿開始後，應逐漸轉換，以自己的頭腦去思考。

創意工作另一重點為必須比別人早著手，因為雖然能對社會有貢獻（幫助），但是如果別人己完成者，你的成果成為「二手貨」，對社會己沒有什麼意義。所以要早人一步才有價值。

早人一步，從另一角度看，多少有自我顯示欲或榮譽心的心態，無論如何，假如從結果看早日完成才對社會有貢獻時，還是鼓勵創意人盡早著手。

創意工作除了上述榮譽心等因素應盡早完成外，有些研究創意如從救人或減少病人的痛苦等醫學上的考慮時，盡早完成則有不同的意義。醫學的進步延遲一點，其間就有更多的人死亡或受痛苦。所以研究創意如對人類的生活的提昇有幫助時，盡早完成仍然有其意義。

近年各國科學家都傾全力尋找代替胚胎幹細胞等的治療方法。英國戈登開啟研究先河，日本山中伸彌發揚光大研究出誘導式多功能幹細胞（induced pluripotent stem cells簡稱iPS），在醫學上早人一步帶來革命性的突破。因而獲得2012年諾貝爾醫學獎。這種萬能幹細胞使衰竭器官再生不是夢，不需從胚胎取得細胞，也解決了道德上的爭議。又因直要從患者的皮膚取得，不會有免疫排斥問題。其早日完成，對進行組識修復和器官再生，有效治療神經退化性疾病（如巴金森氏症、阿茲海默氏症、脊髓損變、心肌梗塞）等病患帶來一大福音。

但是求快不是指省略某些步驟，因為忽略可能發生由於失敗而引起的代價。尤其是工程學的世界，失敗不至於發生「直接」的被害者，所以容易忽視，但是不能因為被害人是非「直接」而不注重可能發生的失敗。

5 不要氣餒

日人得到多項發明等獎的大學教授西澤先生，年輕時因向學會提出論文很難被採納而悶悶不樂，甚至有時在美國出現

跟他想發表的相同論文時，更不是滋味。有一次他的上司要他
提出類似美國已發表過的論文時，他覺得茫然而反問，「要寫
什麼？是否發表，我們也完成了該項研究嗎？」這是非常不禮
貌的回答，當時他是做了情緒上的反抗回答。

當時日本的學會允許發表「我們也做了同樣研究」之類
的論文。可能因此西澤先生的上司，勸他「如法泡製」。

當西澤先生的研究成果被學術界批評的一文不值時，
他的上司派他出國考察。雖然他頂了一句；「到國外去做什
麼？」，但是仍遵命出國。

該次出國雖然在本行方面沒有收穫，但是在週末打發時
間時，由於他的業餘興趣是繪畫，所以周遊各美術館，此舉却
有了很大的啟示。

他看到世界級畫家，究竟和一般的想像不同，並非畫了
幾幅畫就能稱為畫家，好像畫了「可怕」的量數。莫內等名畫
家在八十幾歲才由印象派轉入新境界。米勒對同一題材畫了幾
十張，據雜誌報導他的《播種的農夫》有二幅，實際上可能不
止只有幾幅。

西澤先生歸國後反省；連名畫家想要在世間上被認定做
出了不起的工作，尚需要累積無數的努力和鑽研，自己做了一
些工作不被認定就自暴自棄想要放棄，實在汗顏。從此決心從
頭開始。這是西澤先生一生最大的轉機，也是他從興趣（畫
圖）獲得之最大收穫。

富於創造性的人和不富於者的區別在那裡。前者通常傾
向於勤勉的，也執行非常多的「思考實驗」，且在其他的特性

上有很高的自律性和判斷的獨立性。創造性不但依靠想做成新的認知性的賦予關係的意願，還要依靠，雖然可能被瞧不起，仍有強韌的意志對別人提出自己的想法。還要具備判斷的獨立性，對抗一般性想法的潮流的能力，排除社會上的壓力做「單獨處理」的能力。

謥語說；「逆境使人氣餒，也使人奮發，」是值得創意人做為座右銘。

6 克服工作上的矛盾

從事科學工作的人，常會遭遇難於克服的「理解和研究孰先」的「惡」循環。科學上的任何研究，在尚未明確的理解對象前，則無法實行，也無法完成。但難就難在，明確的理解，是在該研究的最後階段才能獲得。

這種矛盾在在表示科學性探求的困難度之一。但是回顧過去任何一項完成的工作，沒有一件不是克服這種矛盾後才獲得。通常這種矛盾能解決的方法是，隨著理解的的進展，研究工作也有逐漸進展（雖然不多），然後理解也能更深入。

某一工作，在出發點時期要解決的事項眾多，但是對於當下沒有太大影響的問題或疑問，只好暫時擱在一邊。這些問題有時事後才知道，在基本性問題解決的過程中已被解明。

開始工作前就要求完全的理解一切，有時會帶來失敗的原因。但是只善於深度理解而忽略研究的天才型科學家，往往帶有批判性性格，這種性格有時會妨礙創造性活動。愛因斯坦對某一學識很深的物理學家的死，敘述：「他的不幸在於，他的批判性才智和能力常在需要創造力的地方出現。」

另一方面也有人在「起跑槍聲未響前就跳出」，也就是忽略完全的理解過程，就推察其結果的衝動。有人稱此種人為「衝動型天才」。

在培育科學研究人才時，應儘早糾正此種「衝動」帶來的所有缺點。

又，科學上的創意，越是深遠者越需要追求其簡明化，以期從其中獲得更多的含義。但是藝術作品剛剛相反。完成的工作不能把它單純化，任何單純化的嘗試是會破壞其本質。文藝作品的架構雖然可以分解為各因素，但是要拘起該作品的整體印象（image），沒有辦法細分為其構成部份，故不得不以整體來接受它。但是科學可以細分為構成部分。

我們為了理解藝術作品，不得不把自己的意識提高到該水準。但是科學的達成點可以降到更簡明的水準，亦即可以降到「門外漢」的水準。對於科學理論的簡明化，應與花費在創造理論時相同程度的創造性努力。

附錄

附錄1　益智故事的結局

1 以牙還牙

　　長工不久拿著空酒罈回來，對財主說：「老爺，請喝酒吧！」財主一看，酒罈中是空的，頓時大發脾氣，罵著：「混蛋！罈中沒有酒叫我喝什麼？」

　　長工笑嘻嘻的說：「老爺，別生氣，罈中如果有酒，誰不會喝呀！要在空罈子中喝到酒，才算真本事呢！這是你教的絕招呀！」

　　長工利用財主的不合邏輯的要求「回敬」，使財主等於啞巴吃黃連，無話可說。

2 忠告的價值

　　長輩說：「忠告對願意聽從者是最有價值，但是對不願意聽從者，是一點價值都沒有。你們是否同意我的看法。」

　　很多事情都有双面解釋的可能，所以應隨時採取追求第二個正解的態度。

3 上樓下樓

　　少年說：「我的確沒有辦法騙你下樓，但是如果你在樓下，我倒有辦法騙你上樓。不信，我敢跟你打賭。」

富翁說：「好！我馬上下樓，看你如何把我騙上樓。」說完就從樓上跑下來。少年拍手笑著說：「你已被我騙下樓了。」

少年跳出現實性思考以機智取勝富翁。

4 利用人性

過了一段時間，農夫接到太大的來信說：「告訴你一件怪事，前幾天，每天晚上都有好幾個人，到我們的那塊田地，把土翻了又翻。」農夫笑了，馬上給太太回信說：「現在田已經翻好土，妳就開始種馬鈴薯吧！」

看守人員檢查時看到這封信，氣得臉色發青。農夫以曖昧的思維，戲弄了看守人員。

5 逆來順受

可是這位作家卻沒有任何憤怒的神情，他笑嘻嘻的對大家說：「這篇報導也不算造謠，說我死了倒是真實，只是它把我的死亡的日期提前一些而已。」

該作家以幽默的心態應付報社的無聊作風。

6 鄭重聲明

幾天後，馬克、吐溫把他的道歉聲明送到報社。該聲明是：「我聲明，美國國會議員中，有些議員不是賊！」

馬克、吐溫以自己的專長向專業智識豐富的國會議員挑戰，他認為，如果議員去告，等於自認是屬於穿了西裝的賊，所以猜想不會有議員敢採取行動。

7 肖像畫的下落

　　畫家把這幅畫拿到畫廊，標上價錢出售，並給這幅畫加了一個「賊」的畫題。大企業家知道這件事後，氣壞了，立刻趕到畫廊找畫家議論，並揚言要上法庭告畫家破壞他的名譽。

　　畫家說：「是你自己說，畫上的人不像你。既然畫上的人不是你，那畫題標上『賊』跟你有何關係呢？」

　　大企業家只好以加倍的價錢，把這幅畫買下。

　　畫家等於在遊戲中學習了如何應付無賴的人。

8 一塊肥皂

　　第二天，畢卡索派僕人送來禮物，一塊肥皂。

　　導遊小姐原來在腦中所畫的一堆珍貴的珠寶、首飾落空了。

　　導遊小姐用曖昧的方法表達，畢卡索就用裝糊塗的心態來應付。

附錄2　啟發創造力Q&A的答案

圖2之答案

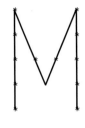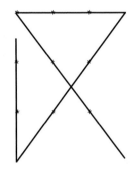

A2（1）1

當然應該先點著火柴棒。

（說明）因為提示中說：「火柴盒只剩一支」，反而把你的注意力從火柴引開，而把注意力放在點著油燈、暖爐等次要的東西上。這是人類的弱點。我們應把給予的信息全部放在腦中構思，不要急著提出答案。注意正解在那裡。

A2（1）2

A和B仍然無法同時到達終點。照計畫等於A要跑110米，而B只跑100米，是以距離10米來彌補B，但是忽略了兩者在跑

速上的因素。依照問題提示速度換算，A和B的跑速分別為每秒10米和9米，所以A在11秒鐘跑到終點時，B在11秒時只能跑99米，仍然落後１米。

（說明）這個問題在計畫時，只想到兩人的距離上的差異，就在距離上調整，而忽略了兩人跑速上的因素。解決問題不能只抓了一點就認為找到正解，應再仔細想一想，有無其他因素被忽略。

A2（2）1

橡皮所擦的渣子。

（說明）我們在思考上容易被原來的目的之影響，因此除了想把字擦掉後的情形外，忽略目的以外的情況。

很多人參加旅行團，只跟著導遊欣賞風景，如果你是「有心人」，應在旅途中記錄別人沒有注意的事象，也許可以編輯「旅遊簡介」之類的小品。

A2（3）1

經嘗試結果可以發現，以滑動卡片來轉換位置是不可能的。但是仍然有辦法，那就是把整個盒子轉180度。

（說明）要發現另有正解的可能時，就要先確認各種辦法是不可能為前提。這是錯誤或不可能教我們轉向來解決問題的例子。

在對動物的實驗中，把食餌放在伸手拿不到的地方時，動物在拼命想取得，最後發現徒勞無功時，則知道不可能後，才會去追求其他的解決辦法。有時人類也要經過此種過程。

A3（1）1

本題在「嘗試錯誤」中，可找出好幾條可達成目的的橫線。如果仔細分析後，也可找出解決問題的規則。

（說明）本例經過「嘗試錯誤」的測試後得知，在甲和丁所經過的線裡，只要彼此相鄰接的縱線上拉一條橫線，就可以使兩人的線交換。（如圖中A,B,C的任何一條虛線都可以達成目的。）

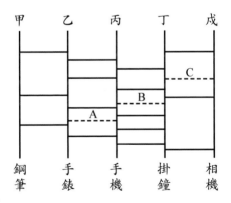

A3（1）2

可以照下圖移。

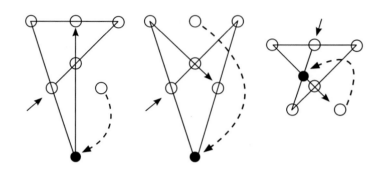

（說明）最初大家都會把思考集中於，如何在四個角落的小石頭所形成的四角形內移動。當你回憶第5章第1節（頁49）的類似題目後，相信你不會被不必要的條件框住，會把思考跳出圈子自由發揮。大家應記得正解並不是只有一個。

A3（2）1

　　從A,B,C箱各取出1,2,3塊（共6塊）放在稱秤上。稱秤上的六塊重量為6000公克（1000×6）時，假貨為D。假如少了2公克時假貨為A，少了4公克時假貨為B，少了6公克時假貨為C。

（說明）本題是在思考上需要化一點功夫的問題。在只能稱一次且一次不能超過六塊的限制下，從A,B,C箱各取出1,2,3塊是絕招。

A3（3）1

　　65秒，不是52秒。1樓到5樓用了52秒，所以一般認為再爬5層樓也是52秒，是太草率的想法。1樓到5樓實際上只爬4層階梯，所以每爬一層是用了13秒。

（說明）我們在計算樓層時，通常會忽略到2樓只爬一層樓梯，以此類推到5樓只要4層。因此常用的層次和實際走動的層次之間的落差，常被既有概念蓋掉而失去正確的計算。現實世界和心理世界之間，有時藏了此類陷阱。

A3（3）2

是指用一百元的鈔票買一個三十元的東西時找回的零錢。

（說明）我們通常談買東西時，觀念上想到的是東西的賣價。在這種固定觀念上去想，買越多可能有打折，但是無論如何一個七十元二個四十元有違常理。此時應轉回腦袋，想一想七十元、四十元所指何意？

A3（3）3

帶去的50元是10元的硬幣5個，所以買35元的東西當然只給4個10元硬幣，找回5元是正常的。

（說明）帶去的50元是一張紙幣或五個硬幣是關鍵。通常先會想到紙幣，故對找回5元會發生疑問？

A4（1）1

首先由其中一人，仔細地把酒分在二個杯子中。當自認為絕對公平時，請對方從兩杯中選取一杯。留下的一杯由分酒者取用。如此雙方都應該不會有意見。

（說明）通常我們都以「客觀」的立場來認定所謂「公平」。但是本題所謂「不會有意見」所表示的「公平」是「主觀」上的判斷，是曖昧的成份具多。我們的生活中很多事像，以曖昧的方法處理，比絕對的方法處理更圓滿。

A4（1）2

照下圖重排。把問題中的「6」的卡片轉180度變成「9」是關鍵。

（說明）問題提示「移動」兩個字。一搬人都在左右移動來解題。這是自我設限的毛病，也是思考上的陷阱。創造力是在突破慣例、挑戰規則或跳躍式思考下才能發揮。

A4（2）1

平衡台會仍舊保持平衡。冰硯開始溶化時，平衡台會傾斜，西瓜會掉下，向放冰硯那邊斜下。但是冰硯如未滑落不久也會溶化掉，使平衡台恢復平衡。

（說明）本例在啟示，當追究問題時，如找到一種解決法就滿足，會忽略後續的可能性。因此必須再思考進一步的可能性，在未追究到底前，不要落入頭一次得到的解答之陷阱，應

繼續尋找第二、三個可能的發展。

A4（3）1

有可能。因為該律師是女性。亦即，該女律師為自己本身提起離婚訴訟，向自己的先生訴求贍養金。

（說明）一般的觀念裡「律師」是男性，因此一時很難轉變觀念，想到該律師為女性。故把問題陷入牛角尖。

新・座標20　PF0136

新鋭文創
INDEPENDENT & UNIQUE

創造力
——啟發頭皮下的東西

作　　者	邱慶雲
責任編輯	林千惠
圖文排版	郭雅雯
封面設計	王嵩賀

出版策劃	新鋭文創
發 行 人	宋政坤
法律顧問	毛國樑　律師
製作發行	秀威資訊科技股份有限公司
	114 台北市內湖區瑞光路76巷65號1樓
	電話：+886-2-2796-3638　傳真：+886-2-2796-1377
	服務信箱：service@showwe.com.tw
	http://www.showwe.com.tw
郵政劃撥	19563868　戶名：秀威資訊科技股份有限公司
展售門市	國家書店【松江門市】
	104 台北市中山區松江路209號1樓
	電話：+886-2-2518-0207　傳真：+886-2-2518-0778
網路訂購	秀威網路書店：http://www.bodbooks.com.tw
	國家網路書店：http://www.govbooks.com.tw

出版日期	2014年1月　BOD一版
定　　價	200元

國家圖書館出版品預行編目

創造力：啟發頭皮下的東西 / 邱慶雲著. -- 初版. -- 臺北
市：新銳文創, 2014.01
　　面；　公分
　ISBN　978-986-5915-95-7（平裝）
　1. 創意　2. 創造力

176.4　　　　　　　　　　　　　102024587

讀者回函卡

感謝您購買本書，為提升服務品質，請填妥以下資料，將讀者回函卡直接寄回或傳真本公司，收到您的寶貴意見後，我們會收藏記錄及檢討，謝謝！
如您需要了解本公司最新出版書目、購書優惠或企劃活動，歡迎您上網查詢或下載相關資料：http:// www.showwe.com.tw

您購買的書名：＿＿＿＿＿＿＿＿＿＿＿＿＿＿＿＿＿＿＿＿＿＿＿

出生日期：＿＿＿＿＿年＿＿＿＿＿月＿＿＿＿＿日

學歷：□高中 (含) 以下　　□大專　　□研究所 (含) 以上

職業：□製造業　□金融業　□資訊業　□軍警　□傳播業　□自由業
　　　□服務業　□公務員　□教職　　□學生　□家管　　□其它＿＿＿

購書地點：□網路書店　□實體書店　□書展　□郵購　□贈閱　□其他

您從何得知本書的消息？

　□網路書店　□實體書店　□網路搜尋　□電子報　□書訊　□雜誌
　□傳播媒體　□親友推薦　□網站推薦　□部落格　□其他＿＿＿＿＿

您對本書的評價：（請填代號　1.非常滿意　2.滿意　3.尚可　4.再改進）

　封面設計＿＿＿　版面編排＿＿＿　內容＿＿＿　文／譯筆＿＿＿　價格＿＿＿

讀完書後您覺得：

　□很有收穫　□有收穫　□收穫不多　□沒收穫

對我們的建議：＿＿＿＿＿＿＿＿＿＿＿＿＿＿＿＿＿＿＿＿＿＿＿

＿＿＿＿＿＿＿＿＿＿＿＿＿＿＿＿＿＿＿＿＿＿＿＿＿＿＿＿＿＿＿

＿＿＿＿＿＿＿＿＿＿＿＿＿＿＿＿＿＿＿＿＿＿＿＿＿＿＿＿＿＿＿

＿＿＿＿＿＿＿＿＿＿＿＿＿＿＿＿＿＿＿＿＿＿＿＿＿＿＿＿＿＿＿

11466
台北市內湖區瑞光路 76 巷 65 號 1 樓

秀威資訊科技股份有限公司　　　收
BOD 數位出版事業部

....

（請沿線對折寄回，謝謝！）

姓　　名：_____　　年齡：_____　　性別：□女　□男

郵遞區號：□□□□□

地　　址：_____

聯絡電話：(日) _____　(夜) _____

E-mail：_____